동물들의
놀라운
사후 세계

카렌 A. 앤더슨 Karen A. Anderson
애니멀 커뮤니케이터이자 펫 로스 전문가로, 25년간 반려동물을 잃고 상실감에 빠진 수천 명의 사람들을 평화와 치유의 길로 이끌어 오고 있다. 현재 동물 커뮤니케이션 및 기업가를 위한 코칭 프로그램을 운영하며, 태평양 북서부에 있는 비영리 동물보호구역이자 반려동물의 최종 피난처인 '페인티드 레인 랜치(Painted Rain Ranch)'를 설립하여 동물의 삶을 풍요롭게 하는 데 기여하고 있다.
아마존 베스트셀러 1위 『동물들의 놀라운 사후 세계(The Amazing Afterlife of Animals)』와 『모든 생명체의 소리를 들어라(Hear All Creatures!)』를 포함하여, 심리학 박사인 패트리샤 캐링턴(Dr. Patricia Carrington)과 The Secret Inner Life of Pets, Amazing Paranormal Encounters, Vol. 2를 공동 집필했다.

The Amazing Afterlife of Animals:
Messages and Signs From Our Pets On The Other Side
Copyright © Karen A. Anderson, 2017,
first published by Painted Rain Publishing.
All rights reserved.

Korean translation copyright © 2022 by Academy Book
Korean translation rights arranged with SYLVIA HAYSE LITERARY AGENCY, LLC,
www.sylviahayseliterary.com
through EYA Co.,Ltd.

이 책의 한국어판 저작권은 EYA Co.,Ltd를 통해
SYLVIA HAYSE LITERARY AGENCY, LLC와 독점 계약한
도서출판 아카데미북에 있습니다.
저작권법에 의해 한국 내에서 보호를 받는 저작물이므로
무단 전재 및 복제를 금합니다.

동물들의 놀라운 사후 세계

카렌 A. 앤더슨 지음
한유미 번역

아카데미북

한유미 옮긴이

영문 번역가, 컴퓨터 테크라이터. 오피스 S/W 활용에 관한 책을 집필하고, 다양한 분야의 영문 번역을 해 왔다. 생후 1개월 된 진돗개 백구 남매를 친구에게서 입양하여 그들이 무지개다리를 건널 때까지 함께하면서 동물과의 유대가 주는 삶의 다양성을 깊이 체험했다.
번역 및 저작물로『애니멀 커뮤니케이션』『일 년을 행복하게 사는 마음의 지혜』『파워 멘토링』을 비롯하여 여러 권이 있다.

동물들의 놀라운 사후 세계
세상을 떠난 반려동물이 보내는 메시지와 신호

초판 1쇄 인쇄 2022년 11월 15일
초판 1쇄 발행 2022년 11월 20일

지은이 카렌 A. 앤더슨
옮긴이 한유미
펴낸이 양동현
펴낸곳 아카데미북
　　　출판등록 제13-493호
　　　주소 02832, 서울 성북구 동소문로13가길 27
　　　전화 02) 927-2345　팩스 02) 927-3199

ISBN 979-89-5681-123-9 / 13180

＊잘못 만들어진 책은 구입한 곳에서 바꾸어 드립니다.

www.iacademybook.com

『동물들의 놀라운 사후 세계』에 대한 찬사

캐런의 책 『동물들의 놀라운 사후 세계』를 읽으면서 진심으로 기뻐하고 있습니다. 캐런은 동물의 관점에서 죽음을 바라봅니다. 나는 캐런을 오랫동안 알고 지냈고, 동물에 대한 그녀의 사랑과 그녀가 받아들인 정보의 정확성을 증언할 수 있습니다. 이 책을 읽어 보세요. 당신의 마음과 당신의 반려동물들은 당신이 얻게 될 통찰력의 진가를 인정할 것입니다. ─론 솔러(Ron Sohler), *The Reluctant Shaman*, *Returning to Peig Sayers*의 저자

이 책은 정말 환상적입니다. 이 책을 보며 시종일관 울고 웃었습니다. 우리의 슬픔을 이겨내도록 도와주는, 사후 세계에 있는 반려동물들이 보내는 메시지로 가득합니다. ─데니스 P.

이 세상 반대편에서 인간과 사랑스럽게 소통하는 동물들의 이야기를 통해 캐런의 진정성을 알 수 있습니다. 『동물들의 놀라운 사후 세계』 속 이야기들은 사랑하는 반려동물을 잃은 사람들에게 치유의 힘을 줍니다. 또한 여기에 있는 통찰력은 살아 있는 반려동물을 가진 사람들에게 기존의 유대관계를 변화시키고 풍부하게 할 수 있습니다. 캐런의 겸손과 친절은 애니멀 커뮤니케이터, 사이킥과 영매로서의 그녀의 작업이 얼마나 우리에게 친밀하게 다가오는지 느끼게 해 줍니다. ─에이미 보나코르소, 작가, 라이프 코치, 소통 전문가

이 책을 내려놓을 수가 없었습니다. 이 책을 읽은 뒤로 나는 반려동물이 세상을 떠났다는 사실에 슬퍼하지 않습니다. 그들이 여전히 우리와 함께 있다는 사실을 알게 되었기 때문입니다. 이 책은 많은 사람들이 반려동물이 죽은 후 어떻게 되는지 이해하는 데 도움이 될 것입니다. 새로운 차원에 대한 마음을 열어 주고 우리 반려동물이 계속해서 우리에게 메시지를 보낸다는 것을 증명할 것입니다. —조앤 야스이

반려동물을 잃을 때마다 우리는 매우 슬퍼하며, 그로 인한 상실감을 채워 줄 수 있는 것은 없습니다. 캐런 앤더슨의 책은 그들이 사라진 것이 아니라 행복하고 잘 지내며 우리 곁에 남아 있다는 것을 알게 합니다. 우리를 떠나간 동물들은 우리가 치유되고 마음을 다시 여는 데 도움이 되는 영혼의 세계에서 우리와 연결되어 있습니다. —KF

캐런은 죽은 동물과 사람이 소통할 수 있는 재능은 물론 그 과정을 설명하는 능력도 공유할 수 있는 독특한 재능을 가지고 있습니다. 그녀가 저세상으로 간 동물과 사람을 이어 준 이야기는 이 세상에 남아 있는 우리들에게 큰 평화를 가져다줍니다. 우리는 그녀의 존재와 재능으로 축복 받았습니다. —캐런 반 윙클

캐런의 경쾌한 문체는 이 책을 쉽고 재미있게 읽을 수 있게 합니다. 캐런은 삶의 목적을 이루기 위한 개인적인 여정과, 세상을 떠난 동물과 인간과의 소통에 대한 많은 이야기를 매끄럽게 엮었습니다. 캐런의 이

야기는 감동적이고 가슴 아프며, 흥미롭고, 무엇보다 정직하고 현실적입니다. 캐런은 고객과 상대방의 사랑하는 사람 사이의 전달자일 뿐만 아니라 종종 상담자 역할을 하여 고객을 보살피고 배려 깊은 방식으로 돕습니다. 캐런과 많은 세션을 가졌기 때문에 나는 이것을 개인적인 경험을 통해 알고 있습니다. 소중한 이, 반려동물이나 사람을 잃은 사람이라면 반드시 읽어야 할 필독서입니다. ㅡ테레사 메나

캐런은 진심에서 우러나온 글을 씁니다. 이 책은 우리가 동물과 맺는 유대관계를 정확하게 규명하며, 혼란과 불확실성의 시기에 있던 내게 꼭 필요한 책이었습니다. 신성한 질서와 조건 없는 사랑에 대한 암시는 서로를 이어 줍니다. 동물들은 순수한 사랑의 가장 훌륭한 예로 자주 쓰이며, 캐런과 동물의 연결은 비범합니다. 캐런, 당신의 지혜와 측은지심 그리고 동물들을 대신해서 목소리를 내 주고, 당신의 세계를 잠깐 볼 수 있는 흥미로운 순간을 제공해 주어 감사합니다. ㅡ다이앤 W.

캐런 스스로 자신의 소명을 존중하는 용기 그리고 자신의 여정을 기꺼이 타인과 공유하려는 의지가 참으로 존경스럽습니다. 이 책은 보이지 않는 동물의 세계를 목격하게 해 주는 실제 이야기로 가득합니다. 이 책은 우리의 마음을 여는 초대장으로, 독특한 재능을 가진 파트너인 동물과 동행하는 법을 배울 수 있게 합니다. ㅡ줄리 헨드릭슨

캐런 앤더슨은 시작 그리고 중간 진행 과정 및 좌절, 현재까지 항상 사

람들과 공유합니다. 그녀의 여정은 당신이 생각하는 것만큼 빠르지 않습니다. 당신의 소명을 찾기 위한 많은 여행과 마찬가지로 험난한 길, 실패, 부정 그리고 마침내 수용이 있습니다. 그녀가 인간과 반려동물, 저세상에 있는 동물에게 베푸는 도움은 당신을 울고 웃게 하며, 이 세상을 떠난 뒤에도 당신을 향한 반려동물의 고마움을 느끼게 할 것입니다. 그들은 진짜로는 사라지지 않았지만, 당신은 더 이상 그들을 볼 수 없습니다. 이 책은 내가 알지 못했던 것과, 수년간 어떤 책에서도 읽어 본 적이 없는 반려 애니멀 사이킥에 관해 알려 주었습니다. ─데비 골든

『동물들의 놀라운 사후 세계』를 읽고 난 뒤, 죽음이 끝이 아니며 나의 반려동물과 계속 연결되어 있다는 것을 알게 되어 위안을 느꼈습니다. 동물들이 범죄 현장에서 도움을 주었다는 이야기에 놀랐고 매료되었습니다. ─애드리안

캐런 앤더슨의 책은 우리 자신과 사랑하는 반려동물 사이의 사랑의 유대감에 대한 이야기를 감동적으로 전해 줍니다. 캐런은 사랑하는 이들이 세상을 떠났지만 그들과 함께한 시간은 끝나지 않았음을 증명합니다. 그녀는 세상을 떠난 이들이 여전히 우리와 함께 있다는 것을 알려 주기 위해 남겨 둔 단서를 인식하는 방법을 알려줍니다. ─재니스 매길

이 책을 읽으면서 과거의 많은 반려동물에 대한 사랑의 감정이 지금의 고양이들에게로 나를 이끌었습니다. 그들은 내내 나를 안아 주고

있었습니다. 나에 대한 그들의 애착을 이해하게 되면서 우리는 더 가까워졌습니다. 캐런은 내 마음을 열어 주었습니다. 영혼의 영원성에 대한 지식과, 자식 같은 반려동물들이 주는 사랑에 대해 감사합니다.
— 신디 K.

캐런의 책은 반려동물을 죽음으로 잃은 슬픔을 겪고 있는 사람이라면 반드시 읽어야 할 필독서입니다. 그녀는 그것이 사랑에 관한 것임을 분명하게 상기시켜 줍니다. 동물들은 사랑과 재미에 초점을 맞추는 반면, 우리는 '떠나가는 마지막 날'에 갇혀 지내거나 전환을 돕기로 결정합니다. 확신이 전혀 없었다면 반드시 읽어야 할 책입니다. 이 책이 당신의 죽은 반려 동물에 대한 당신의 마음에 평화를 안겨 줄 것이라 믿습니다. — 프랜 벨

책이 좋아서 손에서 놓을 수가 없었어요. 반려동물에게서 받는 놀랍도록 따뜻한 이야기와 위로의 메시지가 저를 웃고 울게 했습니다. — 클라이든 로이드

슬픔에 관한 장이 큰 도움이 됩니다. 개인적으로 슬픔의 길에 익숙하지만, 많은 사람이 그것을 더 잘 이해하는 데 도움이 될 것입니다. 또한 사랑하는 반려동물이 죽었을 때 하지 말아야 할 말과 하지 말아야 할 말을 담은 장도 마음에 듭니다. 그 내용은 소중한 사람을 잃었을 때에도 해당됩니다. — 바브 E.

나의 사랑 대니 R.을 위하여

헌사

이 책은
사랑하는 반려동물과 이별하는 고통과
압도하는 슬픔을 견뎌낸 이들에게 헌정되었습니다.
또한 우리를 사랑하고
우리의 삶을 더욱 풍요롭게 만들어 준 지구와
반대편의 모든 동물들에게 바칩니다.

일러두기

- 본문의 모든 각주는 번역자 주입니다.
- 본문의 '저세상', '반대편', '다른 쪽', '내세', '사후 세계', '무지개다리 건너' 등의 용어는 동물들이 죽은 뒤에 머물거나 거쳐 가는 세상을 의미합니다.

감사의 말

이 원고에 생명을 불어넣는 데 사랑과 지원을 아끼지 않은 훌륭한 사람들이 많습니다. 이 책은 내가 여러 가지 현상들을 종합해서 생각해 보는 데 도움을 준 분들의 피드백과 통찰력이 없었다면 지금의 모습이 아니었을 것입니다. 모든 분께 진심으로 감사드립니다.

엄마 우르슬라 바스너에게 : 나는 온 마음을 다해 당신을 사랑합니다. 당신은 나의 가장 친한 친구이고, 당신처럼 멋진 엄마를 갖게 된 것은 정말 행운이에요. 오랜 세월 동안 그리고 이 책을 집필하는 데 당신이 보여 준 모든 사랑과 지지에 대한 감사는 말로 표현할 수 없을 정도입니다. 나의 재능을 존중할 수 있게 해 주어서 감사해요. 당신의 사랑으로 인해 나는 가장 충만한 삶을 누릴 수 있습니다. 당신을 영원히 사랑할 거예요.

레타네 미하우트 이모와 데이브 삼촌에게 : 원고와 수정에 많은 도움을 주셔서 정말 감사합니다. 레나테 이모의 정확한 눈은 내가 놓쳤을 많은 오류를 잡아냈습니다. 책에 대한 모든 피드백 그리고 계속해서 제 이야기를 들어 주셔서 감사합니다. 무엇보다 내가 가장 필요로 할 때 곁에 있어 줘서 고마워요. 당신의 사랑과 지원과 친절에 깊이 감사드립니다. 이모가 없었다면 나는 길 잃은 영혼이 되어 나를 둘러싼 아름다움도 갖지 못했을 거예요. 두 분 모두 깊이 사랑합니다.

또한 애니 케이건이 내게 베풀어 준 모든 친절, 사랑, 지원에 대해 감사합니다. 영원히 감사합니다.

질 맨지노에게 : 당신의 아름다운 빛과 관대함에 감사드립니다. 우주는 정확히 적절한 순간에 당신을 내 삶으로 데려왔어요.

내가 가장 좋아하는 주술사인 론 솔러에게 : 우리의 연결은 말 그대로 이 세상 밖의 이야기입니다. 모든 웃음, 몰입의 순간, 멋진 사람들, 대천사, 아일랜드, 맨리사 캐슬 호텔[†], 이런 일들에 휩싸인 것, 용, 땅속 정령들, 엘프, 모터보트, 모자 훔치기[‡] 등 인생의 초자연적인 면을 소개해 주어 고맙습니다. 회의론자가 이런 신자가 될 것이라고 누가 상상이나 했겠습니까? 당신과 내가 어떤 책을 쓰게 될지 기대됩니다. 동물들과 나는 당신을 많이 사랑합니다.

나의 미제 사건 파트너인 앤젤 나이브스에게 : 당신과 함께 일하게 된 것은 영광이고 축복이었습니다. 당신은 정말 대단해요. 재능 있고 특별합니다. 내 삶에 당신이 있어 감사합니다. 사랑해요, 나의 친구.

친애하는 친구 테레사 메나에게 : 이 책을 쓰는 지난 몇 년간 그리고 최근까지 당신이 보내 준 사랑과 지지에 감사합니다. 거듭되는 수정안에도 기꺼이 도와주고 인내했지요. 당신은 나를 새로운 차원으로 끌어올린 놀라운 여

[†] 워싱턴 주 포트 타운센드에 있는 유령 모험지.

[‡] 모자를 쓰고 있는 사람의 모자를 슬쩍 가져가는 장난.

성입니다. 당신을 '내 친구'라고 부를 수 있어서 영광입니다. 정말 사랑해요.

친애하는 친구 다이앤 스포실리에게 : 당신 없이는 이 일을 할 수 없었을 거예요. 당신의 피드백은 모든 장에서 매우 중요했습니다. 당신은 정말 훌륭해요. 영원히 감사할 거예요. 당신과 래리, 도날드와 모든 고양이들을 사랑합니다.

첫 번째 초안을 검토해 준 친애하는 친구들과 용감한 영혼들 : 린 크노블로치, 레슬리 부투, 마리안 부투, 다이아나 로버츠, 칼라 하인스와 에릭. 여러분의 지혜와 피드백을 전해 주셔서 정말 감사합니다. 한 분 한 분이 최종 초안을 작성하는 데 도움을 주셨습니다. 여러분 모두를 사랑합니다.

에릭에게 보내는 특별한 메모 : 가치 있고 특별한 고양이들에게 집과 마음을 열어 주어 감사합니다. 당신은 놀라운 사람입니다.

줄리 스미스에게 : 길을 잃고, 겁에 질리고, 굶주린 수많은 고양이들을 대신하여, 엄마이자 보호자가 되어 주고 그들이 살 수 있도록 따뜻한 장소를 제공해 주는 당신에게 감사합니다.

놀라운 재능으로 나에게 영감을 주는, 친애하는 사이킥 친구들에게 : 바바라 매키, 세스 마이클, 오로라, 샤론 루이스, 테레사 클레브. 나는 당신들을 사랑합니다.

사랑하는 모든 고객에게 : 동물과 인간이 사랑하는 사람들과 연결될 수 있도록 저를 믿어 주셔서 감사합니다. 여러분 없이는 이 책의 이야기를 공유할 수 없기 때문입니다. 지난 20년 동안 보내 주신 모든 사랑과 지원에 감사합니다.

로리 애켄, 쉘 앤드류스, 팸과 밥 아서 부부, 조 앨버트슨, 앤지 베얼, 케이티 브램브링크, 조안 B., 프랜 벨, 에이미 보나코르소, 마리아 보니노, 주디 카살레, 케빈 쿡, 코니 크랜달, 캐롤라인 데이비슨, 스티븐 드로즈, 낸시 도리엔 라예트 이튼, 샌디 펜스터마허, 캐런과 짐 프래지어 부부, 조디 가트만, 크리스틴 그레이, 프랭크 그린, 캐시 피들러, 스티브 필킨스, 캐롤 하이네스, 필리스 햄린, 데비와 리차드 해슬러 부부, 키트 자고다, 게일과 토비 존슨 부부, 케이티 몬태나 조단, 엘렌 켈리, 티키 킴, 랜디 코박, 루스 크래프트, 게일 램머스, 제인 라레모어, 메리 릴가, 트리스탄 데이비드 루치오티와 에이미 카스텔라노, 엘리자베스 마작, 재키 맥마우스, 질리언 모사포, 칼라 네그레트와 닉 존슨, 조앤 넬슨, 조디 뉴먼, 린다와 개리 오카시오 부부, 모니카 파파이트, 팸 리베이, 신디 리차즈, 레이첼 썰즈, 질 스트라웁, 캐시 샤텔, 캐롤라인 스미스, 줄리 스미스, 필리스 스튜어트, 애드리안 S., 니콜 스트릭랜드, 커리사 토마스, 낸시 트라몬타노, 낸시 투칠로, 드니스 웨버, 사라 벨테, 마이클 화이트, 루스 윌퐁, 제이 버버그, 에드가 요헤와 패티 B., 즐라마니에게 사랑과 감사한 마음을 적습니다.

 이 원고에 큰 공헌을 한 로니 르네에게 특별한 감사를 전합니다. 모든 도움에 대해 항상 감사드립니다.

 훌륭한 지지와 지속적인 지원에 대해 대니어와 캐슬린 브링클리에게 특별한 감사를 드립니다.

 뒷표지의 모자를 훔친 사진에 대해 리차드 해슬러에게 특별한 감사와, 사진 제공자명을 올립니다.

 교정과 편집을 담당한 셰릴 나이트에게 특별한 감사를 전합니다.

 아름다운 표지 디자인에 대해 제임스 라이언에게 감사하고, 편집 디자인에 대해 노엘 모라도에게 감사드립니다.

언급을 잊은 분이 있다면 용서해 주십시오. 의도적인 것은 아닙니다.

저에게 쪽지를 보내 주시면 다음 판에 귀하의 이름을 추가하겠습니다.

마지막으로, 내가 이 생애에서 나의 목적을 실현하도록 도와준 우리의 신과 신성한 창조주, 나의 영적 안내자, 대천사들, 그리고 저세상에 있는 모든 영혼들에게 감사합니다.

목 차

서문 1(애니 케이건) ·· 21
서문 2(패트리샤 캐링턴) ···································· 24
머리말 - 나의 세계에 오신 것을 환영합니다 ········ 28

PART I
1 어딘가 다른 곳에 있을 것이다 ······················ 39
2 따라가야 할 특별한 길 ································· 46
3 코랄 걸 ·· 56
4 경찰 경력 ··· 59
5 범죄 현장의 동물들 ····································· 65
6 보안관보에서 사이킥이 되기까지 ················· 69
7 나는 사이킥이며 영매다 ······························· 77
8 텔레파시 애니멀 커뮤니케이션의 기초 ········· 82
9 동물의 의사소통 방식 ·································· 85
10 동물의 혼백을 듣고 보는 것 ······················· 94

PART II
11 저세상 ··· 101
12 사후 세계에서 오는 신호들 ······················· 115
13 사후 세계에 시간은 존재하지 않는다 ········ 123
14 반대편에서 누가 내 반려동물을 맞이할 것인가? ····· 126

15 동물이 나를 반겨 줄까요? ·· 129
16 사고가 발생했을 때 ·· 132
17 영적인 동물이 이야기를 할 때 ································· 135
18 목격자로서의 동물들 ·· 141
18 오, 저 고양이들! ·· 143
20 프라이버시 커튼 ·· 145

PART III

21 죽음이 다가옴에 따라 ·· 149
22 안락사, 불가능한 결정 ·· 155
23 죽음의 고통 ·· 160
24 화장할 것인가 매장할 것인가 ·································· 162
25 슬픔을 통한 여정 ·· 168
26 반려동물이 죽은 뒤에 ·· 171
27 동물의 죽음 후 어떻게 도울 것인가 ························· 174
28 치유하는 방법 ··· 176
29 환생 ··· 179
30 마지막 이야기 ··· 195

발문 ·· 204
소속 단체, 영화, 책 및 사이킥 목록 ································ 206

서문 1

애니 케이건 박사(Dr. Annie Kagan)
『빌리 핑거스의 사후 세계(The Afterlife of Billy Fingers: How My Bad-Boy Brother Proved to Me There's Life After Death)』의 저자

나는 언제나 동물들을 사랑했다. 고양이, 강아지, 코끼리, 말, 호랑이 그리고 음, 뱀은 빼고. 그래서 몇 해 전에 어느 애니멀 커뮤니케이터의 강연회에 가기도 했다. 강연 내용을 제대로 이해하지는 못했지만 어쨌든 좋았다. 그녀는 자신에게 반응하는 여러 동물의 사진을 보여주었다. 고개 숙여 인사하는 코끼리들, 그들의 머리에 그녀가 머리를 맞댄 장면, 그녀의 얼굴에 키스하는 말들, 캘리포니아 해변에서 그녀의 무릎에 누워 있는 바다표범 등 매우 인상적이었다.

그래서 나의 반려묘 '저니 앤젤'에게 여러 가지 문제가 생겼을 때 애니멀 커뮤니케이터의 도움을 받기로 마음먹었다.

잘 아는 친구가 내게 캐런 앤더슨을 만나 보라고 추천했다. 약속을 잡기 위해 캐런에게 전화했을 때, 그녀는 『내게 빌리 핑거스의 사후 세계(The Afterlife of Billy Fingers: How My Bad-Boy Brother Proved to Me There's Life After Death)』의 저자 애니 케이건인지 물었다.

그 사람이 바로 '나'임을 확인해 주자, 캐런은 흥분해서, 내 책을 아주 좋아한다고 했다. 그녀는 또한 우리가 사랑했던 사람들이 다른 쪽에 존재하며, 그들이 우리에게 신호를 보냄으로써 주변에 있음을 알리고, 우리가 다시 만날 때까지 그들의 여행은 계속될 것임을 믿는다고 했다. 캐런은 특히, '나의 죽은 동생 빌리가 실존하며, 그것이 상상이 아니라는 걸 얼마나 내가 의심했었는지에 관한' 이야기를 좋아한다고 했다. 빌리는 내게 계속해서 신호와 메시지를 보냈는데, 그 신호와 메시지는 매우 정확하고 놀라웠으며, 자신의 실존에 대한 구체적인 증거를 제시했다. 내가 믿지 않으려고 애쓸 때, 빌리는 확실히 나를 떠났고, 그애가 나를 데리고 갔던 사후 세계 여행이 진짜였다는 것은 의심의 여지가 없다. 우리는 정말 모두 신성하고 영원한 존재다.

캐런은 세상을 떠난 동물들과 말하는 능력이 있다고 비밀을 털어놓았다. 이것은 나에게 가능성의 영역을 벗어난 것으로 보이지는 않았다. 왜냐하면 나는 우리의 반려동물도 영혼이 있다고 믿으며, 사후 세계에서 그들을 만나게 될 것이라고 믿기 때문이다.

캐런과 함께한 세션(session)은 여러 면에서 굉장했다. 그녀는 내게 저니 앤젤의 메시지를 곧바로 전달해 주었는데, 저니 앤젤과 나 말고는 알수 없는 것이었다. 나는 몇 분간 울었다. 캐런은 자신이 주고받은 메시지의 의미를 완전히 이해할 수 없었겠지만 나는 분명하게 알아들었다. 저니가 먼저 입양된 다른 두 고양이보다 자신이 덜 중요한 존재라고 느꼈다는 것을 캐런을 통해 깨달았다. 저니가 느낀 감정을 알게 되자 저니와 나는 그 문제를 빨리 해결했다.

나의 세션이 끝난 뒤, 캐런은 자신의 책 『동물들의 놀라운 사후 세계 (The Amazing Afterlife of Animals)』를 읽어 보았으면 좋겠다고 했다. 그녀가 나의 고양이를 많이 도와주었기 때문에, 나는 그러겠다고 했다. 그 당시 나는 내가 엄청난 대접을 받고 있었다는 사실을 몰랐다. 어린 시절 캐런이 비둘기 한 마리와 나눈 감동적인 이야기부터 동물 영매가 되는 놀라운 과정까지, 우리가 사랑한 소중한 반려동물들에 대한 그녀의 귀중한 지혜까지, 영감을 주는 그녀의 감동적인 책에서 놀라운 경이로움이 페이지마다 계속된다.

캐런은 이 세상에서 다음 세상으로 간 당신의 반려동물들과 당신의 관계의 새로운 지평을 열 것이다.

서문 2

패트리샤 캐링턴 박사(Dr. Patricia Carrington)
로버트 우드 존슨 메디컬 스쿨 정신건강의학과 겸임교수,
『반려동물들의 은밀한 내면(The Secret Inner Life of Pets)』 저자

요즘은 어디에서나 전기를 사용할 수 있다. 이것이 이 시대에 일어나고 있는 중요한 변화를 보여 주는 것이라는 생각이 든다. 즉 우리에게 영향을 미치는 보이지 않는 힘에 대해 이전보다 훨씬 마음이 많이 열려 있는 듯하다.

나는 이 특별한 발전에 대해 많은 것을 알고 있다. 그 이유는 수년간 나 같은 정신건강의학과 의사들을 포함한 과학자들이 많은 시간을 할애했던, '그것을 보지 못했다면, 그것은 존재하지 않는 것이다.'라는 사고방식으로 가능성을 크게 제한하는 것에 관여해 왔기 때문이다.

놀랍게도 이것은 오늘날의 경우가 아니다. 예를 들면, 나 자신은 신중한 '실재론적인' 사람이 아니다. 그러나 프리스턴 대학교에서 교편을 잡았던 시절에는 그냥 '냉철한 과학자'인 척했다. 당시 그보다 더 많은 것이 있었는데도 말이다. 큰 변화는 2015년 수난일에 이 땅을 떠난 나의 소중한 반려 고양이 '댄디'의 죽음과 관련이 있다.

댄디는 특별한 지식을 보여 주는 다른 많은 반려동물들을 상징하는

것 같았다. 나의 경우, 댄디는 내가 캐런 앤더슨과 애니멀 커뮤니케이션의 세계를 알게 된 이유이기도 하고, 우리 반려동물들의 심오한 내면의 을 주제로 한 책을 쓰게 된 이유이기도 하다.

나는 임상심리학자이자 작가인데, 어떤 이는 나를 '혁신가'라고 부르기도 한다. 나는 항상 새로운 방식과 지식의 새로운 한계 중 가장 중요한 위치에 있는 것에 흥미를 느꼈다. 무언가 새로운 것이 존재하거나 일어나고 있다는 느낌이 들지 않는가?

나는 존재한다고 생각하며, 세상에 알려지지 않은 영웅들이 이 '무언가'를 시작하고 있다고 생각한다. 많은 경우들에서 우리들의 반려동물들의 지혜를 반영하는 듯하다. 때때로 나는 이 동물들이 우리의 삶에서 하는 역할이 우리가 생각하는 것보다 훨씬 더 많을 것이라고 믿는다.

그들은 아마도 어떤 의미에서는 우리의 수호천사들이지 않을까? 다른 공간에서 우리에게로 온 그들은 자신들만의 고유한 방식으로 우리의 마음을 열기 위해 온 것일 수 있다. 실제로 가능성이 꽤 있다.

임상심리학자로서, 나는 길들여진 동물들과, 그들을 길들인 사람들과의 놀라운 유대관계의 숨겨진 의미에 관해 항상 특별한 관심을 지녀왔다. 우리가 아는 한 가장 오래된 유대관계 가운데 하나임에도 불구하고 인류가 이것을 받아들이기는 힘들 수 있다. 하지만 반려동물들은 우리의 삶에 매우 특별한 역할을 하고 있기 때문에, 그들이 숨을 거두었을 때 그 죽음으로 인해 우리는 우리가 가장 사랑하는 사람들이 죽었을 때 느끼는 고통만큼이나 그 고통을 참기 어렵다.

그래야 하는 이유는 무엇일까?

그 이유 가운데 하나는, 우리의 유전자에 저장된 경험의 모음, 말하자면 영혼의 기억을 믿는다는 것이다. 이것은 우리가 한 마리의 동물처럼 단순하고 정직하고 순수했던 시절부터였을 것이다. 여러 면에서, 우리는 열린 마음으로 이런 것을 자주 받아들일 수는 없다 하더라도, 우리의 반려동물들은 '더 나은' 우리, 좀 더 현실적이고, 좀 더 단순하고, 좀 더 순수하고 깨끗한 버전의 우리를 보여 준다. 그리고 우리는 우리의 일부를 깊이 존경하고 열망해 마지않는다.

우리는 반려동물이 갖고 있는 단순하고 사랑스러운 본성의 고결함은 존중하지만, 평범한 인간을 그렇게까지 훌륭하다고 생각하는 것 같지 않으며, 우리가 동물을 믿는 것처럼 평범한 인간을 신뢰하지도 않는다. 신뢰할 수 있는 태도로 동물의 영혼 안에 있는 순수함을 보여 주는 사람은 매우 드물다.

단순한 사실은, 모든 것이 평등하며, 우리는 대부분의 인간보다는 동물의 사랑을 신뢰한다는 것이다. 우리는 동물들의 진실함을 알고 있고 그것을 의심하지 않는다. 실제로 그들은 놀라운 롤 모델이다. 반려동물만큼 용서할 수 있는 사람이 있는가? 어떤 사람이 그들만큼 충성스러울 수 있을까? 우리의 삶에 만연한, 그러나 동물 세계에는 거의 없는 위선으로부터 우리에게 완전한 안도감을 주는 사람이 몇이나 될까?

캐런 앤더슨의 최신작 책 『동물들의 놀라운 사후 세계』는 다른 영역에 대한 매혹적인 정보가 들어 있다. 이 책은 우리에게 지금의 삶은 물론 이후의 삶에 관해 완전히 새로운 관점을 제공한다. 나는 당신이 이 책에 소개하는 매력적인 모험을 즐기기를 바란다. 그 여정에서, 무엇보다도 중요한 것은, 그들이 당신의 눈을 뜨게 할 것이라는 점이다.

머리말
나의 세계에 오신 것을 환영합니다

죽은 개가 방금 내게 자기 엄마가 아침으로 무엇을 먹었는지 말했을까? 최근에 숨을 거둔 개가 자기 엄마에게 잠재적으로 생명을 위협하는 질병이 있다고 말할 수 있을까? 죽은 고양이가 살인 사건을 해결하기에 충분한 증거를 제공할 수 있을까?

와우! 이런 얘기는 미친 소리처럼 들린다. 사실 그런 일이 나한테 일어나지 않았다면 나는 아마도 작가가 제정신인지 의심했을 것이다. 그러나 실제로 그 일에 나에게 일어났기 때문에 나는 몇 가지 설명할 것이 있다고 생각한다. 나는 우리가 살고 있는 물질계와 우리의 죽은 동물들이 사는 반대편 세상을 오가며 그 이야기와 함께 더 많은 것을 공유할 것이다.

나의 세계에 들어온 것을 환영한다. 나의 세계는 동물의 복잡하고 다차원적인 영역, 그들의 에너지, 죽음, 죽어 가는 것 그리고 물론 사후 세계를 말한다.

나는 이 여행에서 모든 것을 조금씩이라도 공유하려고 할 것이다. 나는 차세대 영매에 비해서는 덜 전문적이지만 이런 경험을 뒷받침할 실제 증거를 가지고 있다. 물론 이것은 회의론자들이 찾고 있는 과학적 증거가 아니며, 페트리 디시[†]에서 자란 것도 아니다. 냉소주의자들을 만족시키지는 못하겠지만 나의 증거는 지난 20년간 수천 명의 고객을 만나며 직접 경험한 것이다.

왜 우리는 떠난 반려동물과 의사소통을 원하는가?

당신의 반려동물에게 있어, 당신은 세상에서 가장 소중한 사람이다. 동물들이 죽은 뒤에 우리가 그들과 소통하고 싶지 않은 이유를 단 하나도 떠올릴 수 없다. 우리가 죽은 동물들과 연락하고 싶은 몇 가지 중요한 이유가 있다.

우선 우리는 반려동물이 안전하고 고통이 없고, 우리가 사랑했던 사람들과 함께 다른 세상에 있다는 것을 알고 싶어 한다. 그들을 얼마나 사랑하고 그리워하는지 그들이 알기를 바란다. 특히 상황이 평화롭게 끝나지 않은 경우에는 우리가 그들에게 제공했던 삶에 대해 기분이 좋았기를 바란다.

반려동물은 우리에게 참으로 많은 사랑과 우정, 소중한 순간을 제공해 주었다. 그에 대한 감사를 표현하고 좀더 깊은 교류를 하고 싶어 한

[†] petri dish : 배양용 실험 접시.

다. 좋을 때나 나쁠 때나, 반려동물은 항상 우리를 보고 반가워하고 우리의 관심을 갈망했다. 우리의 유대감은 매우 강하여 죽은 뒤에도 그들의 안전을 보장해야 하는 책임감을 느낀다. 유대감은 우리를 그들과 더 가깝게 있다고 느끼게 하고, 그들을 예우하고, 이 땅에서 우리가 함께한 시간을 기념하게 만든다.

지금 당신이 이 글을 읽고 있는 것은 우연이 아니다

우리의 죽은 동물들은 우리에게 가장 많은 배움을 줄 수 있는 동물에게 우리를 안내한다. 나는 당신이 지금 이 글을 읽고 있다면 영적 각성이 당신 내부에서 일어나고 있다고 믿는다. 그것은 대답에 대한 갈증이고, 내세에서 반려동물들이 경험하는 것에 대한 지적인 갈증이다. 이 탐험은 만족할 줄 모르는 식욕과 같으며, 각각의 새로운 정보는 당신을 그 길로 인도한다.

적어도 나는 그랬다. 배우면 배울수록 더 많은 걸 알고 싶어졌다. 당신의 반려동물이 죽어서 육신을 떠날 때 일어나는 일에 대해 당신이 더 잘 이해할 수 있도록 내가 도울 수 있다는 것을 알기에, 저편에 있는 사랑하는 이들이 이 길을 따라가도록 인도하고 심지어 이 책을 읽도록 이끌었을 가능성이 있다. 여러분의 죽은 반려동물들과 사랑하는 사람들 역시 내가 자신들의 메시지를 당신에게 전달할 수 있다는 것을 알고 있다. 그들의 에너지는 육체적인 죽음 뒤에도 계속된다는 것을 당신에게 확신시켜 줄 수 있다.

내가 20년 전 이 여정을 시작한 이래, 동물의 영혼이나 영혼과의 소통은 우리 사회에서 점점 더 받아들여지고 있다. 아마도 우리 가운데 많은 이들이 동물이 죽은 뒤에도 여전히 우리와 함께 있기를 바라기 때문일 것이다. 어쩌면 우리 가운데 많은 이들이 죽은 반려동물과 사후 세계와의 의사소통을 경험하고 있기 때문일 수도 있다.

나의 조언은, 나를 비롯하여 그 밖의 신뢰할 수 있는 출처에서 가능한 한 많은 정보를 받아들여 보라는 것이다. 당신의 내면에서 공명하는 것에 집중하고, 당신의 관심을 끄는 분야를 추구하며, 나머지는 내버려 두라. 이 여정은 사람들마다 조금씩 다를 수 있다. 아무도 답을 가지고 있지 않다. 만일 답을 알고 있다고 말하는 자를 만난다면 그에게서 최대한 멀리 떨어져라.

동물들이 내세에서 우리의 안내자가 되도록 하라

나는 당신이 이 책을 찬찬히 읽으면서, 마음을 열어 내세에 존재하는 동물의 생각을 읽을 수 있게 되기를 바란다. 실제로 그런 일이 일어난다. 아마 당신이 사후 세계가 천국 같은 곳에서 계속된다고 믿고 있을 것이다. 그렇다면 이 책에 나오는 여러 가지 사례가 영원에 대한 당신의 인식을 많이 입증하고 있다는 것을 알게 될 것이다. 당신이 믿지 않거나 확신하지 못한다면, 나는 당신을 부드럽게 자극할 수도 있고, 어떤 경우에는 반려동물들이 죽을 때 일어나는 일에 대한 편안함 수준을 넘어서도록 당신을 푸시할 수도 있다.

나는 실제로 진행했던 세션과 지난 20년간의 개인적인 경험에서 가장 기억에 남고 영감을 주었던 순간을 공유하고자 한다. 당신의 헌신적인 반려동물이 죽어서 우리의 물리적인 영역을 떠날 때의 미스터리와 두려움과 슬픔을 어느 정도 없애 주고 싶다.

나는 또한, 나의 성장 배경과 법을 집행하던 경찰관 시절 그리고 내가 어떻게 이런 독특한 경로를 따라 영적인 영역으로 어떻게 인도되었는지에 대한 비하인드 스토리를 드러내고자 했다. 아마 당신도 이와 비슷한 인생 경험을 함으로써 삶의 목적을 더 명확하게 알아차릴 수 있게 될 것이다.

대부분의 경우, 개인 정보를 보호하기 위해 이름을 바꿨지만 실제 계정과 메시지는 그대로 두었다. 궁금한 부분을 먼저 읽기 위해 앞으로 건너뛰고 싶기도 하겠지만, 제시된 순서대로 이야기를 읽기 바란다. 각 장은 서로를 기반으로 하며, 경험은 전략적으로 배치되어 있다. 만약 장 사이를 건너뛰면 중요한 정보를 놓칠 수 있다. 차례대로 따라가면 당신의 반려동물들이 내세에서 무엇을 경험하는지 가장 포괄적인 통찰력을 얻을 수 있을 것이다. 나는 이 일화를 일반적인 용어로 공유하므로, 같은 반려동물은 없고 모든 상황은 고유하다는 점을 명심하기 바란다.

나의 궁극적인 바람은, 만약 당신이 소중한 반려동물을 잃고 슬픔에 빠져 있다면, 이 이야기들이 마음속 치유 공간을 밝혀 주는 것이다. 당신은 무지개다리를 건너간 당신의 반려동물이 당신과 계속 연결되어 있다는 사실을 알고 행복하고 즐거운 삶을 살 자격이 있다.

이 책의 마지막 부분에서는 당신이 고통을 헤쳐 나가고 슬픔의 지배에서 벗어나는 데 도움이 되는 도구를 제공할 것이다. 반려동물을 잃고서 겪어야 하는 모든 고통에도 불구하고, 우리 가운데 많은 이들이 그 일을 다시 반복할 것이라는 데 동의할 것이라고 생각한다.

지금까지 걸어온 독특한 길을 되돌아보건대, 내가 재능을 추구하지 않았다면 이런 놀라운 경험도 없었을 것이 분명하다. 하나의 단순한 결정이 나를 평생의 사랑과 치유와 기쁨에 이르게 했다. 나는 나의 재능에 "예"라고 답했다.

재능

우리는 모두 재능을 갖고 태어났다. 우리는 창조주가 주신 신성한 선물을 우리 영혼 깊숙한 곳에 지니고 이 세상에 왔다. 나는, 삶의 주된 목적이 우리에게 있는 재능과 잠재력을 존중하고 최대한 활용하는 것이라고 믿는다.

우리가 받은 신성한 재능은 그림, 글쓰기, 음악, 교육 등 매우 다양하다. 그것은 우리의 고유한 이름표이며, 우리와 주변 사람들을 풍요롭게 하기 위해 주어진다.

때때로 우리는 영혼의 표면 바로 아래에 있는 재능을 알지 못한 채로 삶의 길을 여행한다. 우리는 광활한 세상에서 길을 잃었다고 느끼며, 소속감과 자존감을 찾기 위해 마음을 제외한 모든 곳을 헤매는 자신을 발견한다.

우리가 선물을 받아들일 때 동기(動機)의 순환이 시작되고, 우리가 한때 길을 잃었던 곳에서 이전에 우리를 떠나 버렸던 기쁨과 영적인 축복을 발견하게 된다. 우리의 생명력은 거대한 사랑의 거미줄처럼 우주로 방사되고 완전히 새로운 의식을 우리 앞에 열어 준다. 시간이 지남에 따라 그 모든 사랑은 우리에게 열 배로 돌아와 그 순환을 완성한다.

당신의 재능이 무엇인지는 중요하지 않다. 중요한 것은, 자신의 재능을 최대한 식별하고 존중하는 것이다. 재능을 존중함으로써 당신은 자신의 진정한 자아를 축하할 수 있다. 당신의 재능을 무시하는 것은 이 생애에서 당신에게 주어진 가장 보람 있고 만족스러운 기회를 무시하는 것이다.

재능을 찾는 것은 쉽다. 당신은 무엇을 사랑하는가? 무엇이 당신에게 기쁨을 주는가? 무엇이 당신의 마음을 노래하게 하는가? 당신이 최소의 노력으로 할 수 있는 바로 그 유일한 것이 최대의 결과를 낳는다.

당신은 타고난 요리사, 재능 있는 가수 또는 대단한 테니스 선수인가? 기술 분야, 그래픽 아트 또는 과학에서 기쁨을 찾는가?

당신의 재능을 확인했다면 열정적으로 재능을 추구하라. 당신과 당신의 재능을 아무도 방해하지 못하게 하라. 그런 일이 항상 쉽지만은 않을 것이다. 사실, 앞으로의 길에는 많은 장애물이 있을 수 있다. 당신은 많은 장애물과 막다른 골목에 직면하겠지만, 자신을 믿고 인내하면 새로운 길이 나타날 것이다.

인생의 곡선 길 주변에는 반대론자나 회의론자가 도사리고 있을 것이다. 그런 부정적인 영혼들은 대개 자신의 재능을 무시하고 영적인 궤도에서 이탈했음을 기억하라. 자신에게 충실하고 최종 목적지에 집중하라.

나는 비전보드†의 힘과 미래를 구현하는 힘을 굳게 믿는다. 시각화할 수 있다면 이룰 수 있다.

당신이 이 책의 이야기를 읽는다면 나는 그동안 내가 겪었던 어려움과 실수를 공유할 것이다. 나는 그 어려움을 장애물이 아닌 기회로 보았기에 전보다 더 힘차게 앞으로 나아갈 수 있었다.

마지막 장에 이르러 당신의 신성한 재능이 무엇인지 명확하게 식별할 수 있기를 바란다. 당신의 재능을 존중하기에 너무 늦은 때는 없다. 내가 영적 소명을 따랐듯이 당신도 그렇게 할 수 있다.

— 캐런 앤더슨

---

† visionboard : 자신의 꿈과 목표를 명확한 이미지로 표현하는 자립 도구. 네이버사전, 위키 낱말 사전.

Part I

1
어딘가 다른 곳에 있을 것이다

애도하는 마음은 갈 곳이 없는 사랑이다.
― 무명씨

밤이 깊어 가고 있었다. 밴디트는 침대 구석 가장 좋아하는 곳에 자리를 잡았다. 졸린 눈을 한 큰 고양이는 사람 엄마가 침대 시트를 정리하고 베개 모양을 단정히 하는 것을 지켜보았다. 따뜻한 밤공기에 라벤더 향과 신선한 풀 냄새가 실려 왔고, 그 향기는 방을 가로질러 흘러 들어갔다. 밴디트가 가장 좋아하는 시간은 모든 것이 고요하고 동쪽 하늘에 달이 뜨는 때였다. 농장의 여름은 장관이었고 모든 것이 만발했다.

밴디트 곁에는 절친 추추가 만족스럽게 누워 있었다. 추추는 '삼색 고양이'라고 불리는, 주황색과 흰색이 튀는 검은 고양이였다. 추추의 눈은 아몬드 모양이었고, 몸매는 아주 자그마했다.

막 잠이 들려고 할 때, 밴디트는 엄마가 우는 소리를 들었다. 밴디트는 눈물이 흐르는 엄마의 얼굴을 돌아보았다. 그녀는 손에 두 마리의 고양이 사진이 든 액자를 들고 있었다. 밴디트는 세상을 떠난 지 석 달밖에 안 되었고, 추추는 그보다 먼저 두 달 전에 세상을 떠난 터였다.

"둘 다 너무 보고 싶어." 사람 엄마가 나지막히 말했다. "너희가 함께 여기 있으면 얼마나 좋을까."

그녀는 사랑하는 두 고양이를 잃은 고통을 참기가 어려웠다.

매일 밤, 밴디트와 추추의 엄마는 고양이 사진을 집어 들고 하루 일과에 대해 이야기하곤 했다. 그녀가 깨닫지 못한 것은, 고양이들은 그녀가 무엇을 하고 있는지 이미 알고 있다는 것이었다. 밴디트와 추추는 결코 멀리 떨어져 있지 않았기 때문이다. 한순간만이라도 두 고양이와 함께하기를 바라는 그녀의 눈에서 눈물이 쏟아지곤 했다.

밴디트가 추추에게 말했다.

"에구, 오늘 밤도 엄마가 울고 있네."

추추는 천천히 황금색 눈을 뜨고 엄마를 바라보았다.

"밴디트, 엄마는 우리가 여기 있다는 걸 몰라. 우리가 어디 먼 곳에 있거나 영원히 사라졌다고 생각해. 우리가 여기 있다는 것을 엄마에게 알려 주자."

엄마를 위로하기 위해 두 고양이가 일어나서 다가갔다. 먼저 추추가 엄마 손을 문지르며 말했다.

"엄마, 우린 여기 있어요. 항상 엄마와 함께 있어요."

뒤이어 밴디트가 자신의 커다란 머리로 눈물로 얼룩진 그녀의 얼굴을 부드럽게 비볐다.

"이보다 더 좋은 곳은 없어요."

다음 몇 주 동안 두 고양이는 엄마와 의사소통을 하기 위해 할 수 있는 모든 것을 시도했다. 고양이들은 엄마에게 다가가 비벼 댔고, 수염으로 엄마 얼굴을 간지럽히고, 책상에서 펜을 떨어뜨리고, 엄마가 직접 눈으로 자신들을 볼 수 있도록 영혼의 형태로 나타나려고 했다.

시간이 지나면서, 그들의 엄마는 사랑하는 고양이가 저편에서 자신과 의사소통을 시도하고 있음을 감지하기 시작했다. 어느 날 저녁, 그녀는 컴퓨터 앞에 앉아 '죽은 반려동물과의 대화'를 검색했다.

그녀는 애니멀 커뮤니케이터들에 대한 목록 수백 개를 찾은 뒤, 특정 웹사이트에 도착할 때까지 여러 웹사이트를 클릭했다. 그리고 마침내 캐런 앤더슨의 사진을 본 순간, 자신에게 필요한 애니멀 커뮤니케이터라는 것을 알았다.

드디어 약속한 날이 다가왔다. 엄마는 방 안을 서성거리면서 초조하게 5분 간격으로 시계를 확인했다. 그녀는 전화를 걸었고, 캐런의 따뜻한 목소리를 듣는 순간 긴장이 풀렸다. 캐런이 심호흡을 몇 번 하고 나서 편히 앉아 세션을 즐기라고 제안했다.

엄마가 말했다.

"조금 불안해요. 이런 일을 한 번도 해 본 적이 없어서요."

"걱정 마세요. 충분히 이해합니다. 세션 전에 약간 긴장하는 것은 정상입니다."

캐런이 기도와 축복으로 세션을 시작하자 고양이들은 귀를 기울였다.

캐런이 물었다.

"오늘은 누구와 함께 시작하시겠습니까?"

"오, 잘 모르겠어요. 둘 다 많이 사랑해요. 추추부터 해 보면 어떨까요?"

"네! 추추는 엄청 똑똑하군요. 추추는 수염을 보여 주고 수염으로 계속 얼굴을 간지럽히고 있어요. 추추는 이것이 자기가 당신을 깨우는 방법이라고 말합니다. 이 메시지를 이해합니까?"

"맙소사! 이해하겠냐고요? 알죠, 알고말고요! 추추는 매일 아침 수염으로 나를 깨웠어요. 정말 보고 싶어요. 내가 추추를 얼마나 사랑하는지 추추도 알까요?"

엄마가 눈물을 참으며 물었다.

"예, 그래요. 추추는 당신이 항상 자신과 이야기하고, 추추는 여전히 수염으로 당신을 깨우고 있다고 합니다."

"난 내가 미쳐 간다고 생각했어요. 하지만 아직도 추추의 수염이 내 얼굴에 스치는 걸 느낄 수 있어요. 정말 추추인가요?"

밴디트와 추추의 엄마가 간신히 물었다.

"예, 추추입니다. 추추는 당신이 제 시간에 일어나도록 도와준다고 합니다."

캐런이 대답했다.

"믿을 수 없어요. 나는 이것이 어떻게 가능한지 이해할 수 없어요."

"정말 놀라운 일이란 걸 알고 있어요. 내게도 말이죠."

캐런이 말을 이었다.

"당신의 여정에 참여하게 되어 영광입니다. 이제 추추가 나에게 스시 한 접시를 보여 주고 있어요. 그게 당신에게 의미가 있나요?"

"네! 보호소에서 입양할 때 이름이 '스시'였어요. 이름이 어울리지 않아 '추추'로 바꿨어요. 그건 아무도 몰라요, 캐런. 어떻게 알았죠?"

캐런이 말했다.

"추추가 내게 말했어요. 추추는 '추추'라는 이름을 훨씬 더 좋아한다고 합니다. 추추는 항상 당신과 함께 있고 당신의 관심을 끌기 위해 열심히 노력했다고 하네요. 추추는 당신이 하루 일과에 대해 이야기하는 것을 들을 수 있다는 것을 당신이 알기 원합니다."

메시지가 계속 들어오자 엄마는 새로운 경이로움이 자신을 덮치는 것을 느꼈다.

다음 차례는 밴디트였다.

"밴디트는 신사군요. 당신이 자기를 구했다고 하네요. 만일 당신이 없었다면 자기는 일찍 죽었을 것이라고 합니다."

"네, 맞아요. 밴디트는 몇 년 전에 만났는데, 굶주린 길냥이였어요."

캐런이 엄마에게 물었다.

"밴디트는 어떤 이유에서 나에게 펜을 보여 주고 있어요. 당신은 작가인가요? 펜이 무엇을 의미하는지 모르겠어요."

"펜 게임!" 하고 엄마가 외쳤다. "밴디트는 항상 내 펜을 책상에서 떨어뜨리곤 했어요. 믿기 힘드네요!"

"밴디트는 자신이 주변에 있다는 것을 알리기 위해 테이블에서 펜을 두드리고 있습니다."

"네, 그랬어요! 제 상상인 줄 알았어요. 물건을 움직여서 소통할 줄은 몰랐어요. 너무 보고 싶어서 마음이 아팠어요. 그들이 죽고 나서 너무 공허했어요. 정말 외로웠어요."

"자, 당신은 이제 사랑스러운 고양이들이 사라지지 않았고 당신의 정신도 건강하다는 것을 알게 되었습니다."

캐런이 미소 지으며 말을 이었다.

"둘 다 당신에게 엄청 많은 사랑을 보냅니다. 그 사랑은 계속해서 우르르 몰려오고 있어요. 당신은 당신을 지켜 주는 놀라운 동물 친구를 둔, 운 좋은 여성입니다."

"나는 할 말을 잃었어요, 캐런. 이 경험에 대해 어떻게 감사해야 할지 모르겠군요. 나는 아이들이 영원히 사라졌다고 생각했는데, 당신이 모든 것을 바꾸어 주었어요."

"이 일은 정말 좋아서 하는 일이에요. 근데 어떻게 나를 찾았는지 물어봐도 될까요?"

"인터넷 검색을 했는데, 당신의 웹사이트에 마음이 끌렸어요. 정확히 설명할 수는 없어요. 당신 사진을 보고 바로 당신이 적임자란 걸 알았거든요."

세션이 끝나자 캐런은 메시지를 공유해 준 고양이에게 감사를 표했다. 그녀는 영적인 연료와 같은 사랑의 생각으로 고양이의 마음을 채우는 것을 시각화하는 방법을 엄마에게 설명해 주었다.

"주유소에서 주유 탱크를 채우는 방법을 생각해 보세요. 그들의 마음은 가솔린 탱크이며, 저세상으로의 여행을 계속하려면 당신의 사랑 또는 영적 연료가 필요합니다."

엄마는 이 세상을 떠난 고양이에게 사랑을 전하는 방법을 이해하고서 고개를 끄덕였다. 캐런은 또한 엄마에게 밴디트와 추추가 보내는 모든 작은 메시지에 주의를 기울여야 하고, 그들의 사려 깊음에 고마워해야 한다고 말했다.

"당신의 슬픔을 존중하세요. 그런 감정은 치유 과정의 일부예요. 슬픔을 느낀다면 행복한 생각으로 마무리하도록 하세요. 즐거운 추억을 생각하고 그들의 삶을 축하하며 슬픈 순간에 연연하지 않기 위해 그들의 삶을 죽음보다 소중하게 만들어 보세요."

여전히 고양이들을 그리워했지만, 그들의 엄마는 새로운 삶의 감각과 죽음에 대해 완전히 다른 관점을 갖게 되었다.

밴디트와 추추는 오랜만에 엄마의 웃는 모습을 바라보았고, 우주의 햇살을 받으며 즐거운 마음으로 엄마를 감쌌다.

엄마는 마침내 반려동물의 죽음은 끝이 아니라 새로운 존재의 시작이며, 에너지가 넘치는 존재임을 깨달았다. 그녀는 더 이상 상실의 슬픔에 괴로워하지 않게 되었고, 항상 사랑하는 반려동물과 연결될 것임을 이해했다. 그들은 더 이상 있고 싶은 곳이 없었기 때문에 항상 그녀의 옆에 있었다.

2
따라가야 할 특별한 길

어떤 사람들은 동물에게 이야기를 한다. 하지만 동물의 이야기를 듣는 사람은 많지 않다.
그게 바로 문제.
— A. A. 밀른(A. A. Milne), '곰돌이 푸'

나는 사이킥†의 길을 가려고 하지 않았지만, 나의 소명임은 분명하다. 어렸을 때는 수의사가 되고 싶기도 했다. 그러나 수의사는 수술을 해야 한다는 사실을 알고 꿈을 접었다. 그래도 언젠가는 동물과 함께 일하게 될 것이라고 예감하고 있었는데, 반려동물 사이킥이 되리라고는 전혀 생각하지 못했다.

내가 어렸을 때 특별한 영향을 준 두 가지는 월트 디즈니와 반려견이었다. 나는 캘리포니아 주 로스앤젤레스에서 동쪽으로 약 한 시간 거리에 있는 샌 디마스라는 작은 마을에서 자랐다. 우리에게는 '프린스'라는 이름의 보더 콜리가 있었는데, 나는 프린스가 동물과 의사소통하는 방법을 가르쳐 준 것으로 믿고 있다.

---

† psychic. 심령술사, 초능력자, 무당, 영매 등으로 해석된다.

나는 프린스와 유치한 대화를 나누었고, 프린스가 전하는 메시지를 누구나 이해할 수 있을 거라고 생각했다. 집에서 키우는 토끼, 고양이, 열대어 등 모든 동물들과 이야기를 나누었고, 그것이 현실이 아니라고는 전혀 생각해 본 적이 없다.

어린 시절의 영향

나는 영화 『닥터 두리틀(Dr. Doolittle)』을 보며 자랐고, 『정글북』이나 『밤비』 등 1960년대에 인기를 끈 디즈니 영화는 다 보았다. 영화에 나오는 대부분의 동물들이 말을 했기 때문에 내 동물들이 다를 것이라고는 생각하지 못했다.

내가 가장 좋아하는 TV쇼는 『말하는 말 미스터 에드(Mr. Ed)』, 돌고래가 주인공인 『플리퍼(Flipper)』, 곰이 주인공인 『젠틀 벤(Gentle Ben)』이었다. 그리고 내가 가장 좋아하는 주인공은 콜리종인 래시였다. 나는 이 동물들이 사람과 의사소통하는 방식에 매료되었다.

나의 어린 시절 반려견

다섯 살쯤 되었을 때, 반려견 프린스에게 사건이 일어났다. 프린스는 밤에 내 방에서 잤는데, 어느 날 갑자기 안절부절못하고 앞뒤로 움직이기

프린스가 긴급 메시지를 보낸 뒤의 아침. 어린 시절의 캐런이 함께 엎드려 있다.

시작했다. 나는 초조하게 서성거리다가 프린스에게 현관 옆의 시원한 바닥에 누워야 한다고 말했다.

그날 밤 프린스가 죽을 것 같았다. 프린스의 고통을 느낄 수 있었고, 내 뱃속이 불편했다. 프린스는 가장 친한 친구였고, 그가 없는 삶을 상상할 수 없었다. 나는 프린스 옆에 누워 그를 진정시키려고 애쓰다 잠들어 버렸다. 그리고 다음 날 아침 일어나자마자 엄마에게 프린스의 배가 아프다고 말했다. 프린스의 기분이 좋지 않으며, 내 배 또한 얼마나 심하게 아팠는지에 대해서도.

엄마는 내 말에 어떻게 응답해야 할지 몰랐다. 동물은 말을 할 수 없으며, 내게 이야기를 꾸며 대면 안 된다고 했다. 엄마가 내 말을 믿지 않아 화도 나고 속상했던 기억이 난다. 우리가 아무것도 하지 않으면 프린스가 죽을지도 모르는데 말이다.

다행히 엄마가 프린스의 고통을 알아차리고 재빨리 동물병원으로 데려갔다. 췌장염이 악화한 상태였지만, 프린스는 완전히 회복되었다. 그것은 내가 동물과 이야기할 수 있다는 사실을 아무도 믿지 않았던 많은 경험 가운데 첫 경험이다.

그 사건 뒤로 나는 동물과 대화한다는 사실을 숨겼다. 친구 로리만이 내가 동물들과 대화할 수 있다고 믿어 주었다. 로리는 나처럼 동물들의 말을 들을 수는 없었지만 적어도 나를 믿었다.

왜 다른 사람들은 동물들의 이야기를 듣지 못할까? 나에게 무슨 문제가 있거나 어떤 질병이라도 있는 걸까? 나는 그렇게 생각했다.

동물들의 사랑과 동료애

나는 동물친구들과 항상 같이 지내며, 그들과 비밀리에 이야기하고 바보 같은 대화를 나눴다. 나는 우리의 대화가 영원할 것이라고 생각했지만, 몇 년 뒤에 나의 능력을 영원히 없애버리려고 했다. 아니, 그렇게 되었다고 생각했다.

나의 첫 책 『모든 생명체의 소리를 들어 보라(Hear All Creatures!)』에 한 치즈냥이에 관한 이야기가 들어 있다.

여덟 살 때였다. 나는 길 건너편에 있는 길냥이에게 함께 놀자고 불렀다. 고양이가 차도로 달려나오는데 갑자기 차 한 대가 나타나 고양이를 쳤다. 나는 고양이의 죽음에 충격 받았고, 수년간 죄책감에 괴로워했다. 나는 그 끔찍한 사고가 일어난 뒤로 다시는 다른 동물과 의사소통을 시도하지 않겠다고 맹세했다.

잘못 선택한 직업

몇 년 뒤, 그리고 사이킥의 길에 들어서기 훨씬 전에, 나는 캘리포니아 주 오렌지카운티에서 몇 개의 직업을 가졌다. 주택담보대출 관련 회사에서 일했고, 금융업을 배웠다. 이런 작업은 숫자에 세심한 주의를 기울여야 하며 좌뇌형 작업으로 간주된다. 좌뇌는 숫자·논리·추론 및 비판적 사고 능력과 같은 모든 분석적 처리를 수용하는 반면, 우뇌는 시각적·창의적·추상적 및 직관적 프로세스에 집중한다.

말할 필요도 없이, 나는 그 직업에 결코 만족하지 못했다. 썩 만족스러운 작업도 아니었고, 뭔가 허전한 느낌이 들 때가 많았다. 나는 수학을 잘하지 못했고, 숫자 계산을 좋아하지도 않았다. 내가 좋아하는 것은 동물이었다. 내가 대체 뭘 하고 있었던 거지?

신호는 항상 그곳에 있다

결국 내가 일하던 회사들이 전부 문을 닫았다. 나는 그만두거나 해고되었다. 오, 그렇다. 나는 말 때문에 몇 년간 분란을 일으켰다. 여과 없이 말을 했고, 갑자기 화를 내며 분노에 찬 말을 내뱉었다. 매우 직설적인 표현을 하는 사람으로서 실업자 줄에 서기도 했다.

나는 장애물에 맞닥뜨렸고, 언제나 막다른 길에 서 있었다. 돌이켜보면, 내 영적 안내자†가 나에게 메시지를 전달하려고 필사적으로 노력했다는 것을 분명히 알 수 있다. '당신은 직업을 잘못 선택했어, 캐런.'

그때는 내게 영적 안내자가 있다는 사실조차 알아차리지 못했다. 만일 누군가가 내 관심을 끌려고 하는, 보이지 않는 도우미가 있다고 말했다면 배꼽을 잡고 웃었을 것이다. 나는 넋이 나간 상태였다. 그로부터 오

---

† Spirit Guides.

랜 뒤에야 영적 안내자를 알게 되었고, 사이킥 일을 위해 그들과 긴밀하게 협력하며 일하게 되었다.

당신이 알든 모르든, 우리에게는 이 같은 영적 조력자나 영적 안내자가 있다. 그들은 당신의 삶 전체에 걸쳐 당신을 이끄는, 당신의 머릿속에 있는 이성의 작은 목소리다. 영적 안내자들은 편한 주차 공간을 찾아 주기도 하고, 주머니에 있는 20달러를 찾아 주기도 한다. 그들은 평소와 다른 출근길로 당신을 보낼 책임이 있는데, 당신은 나중에야 늘 다니던 출근길에서 심각한 사고가 발생할 것을 알게 될 것이다. 천사와 매우 비슷한, 이 보이지 않는 조력자들은 당신의 삶을 조금 더 쉽게 만들어 주기 위해 당신과 함께한다.

나는 주택담보대출 관련업계에서 계속 일하면서 돈을 많이 모았고, 승진을 위해 노력했다. 물질적 부, 엄청난 상여금 그리고 다른 사람들에 지지 않으려고 허세를 부리던 시기였다고 할 수 있다. 하지만 경제가 무너지기 시작하던 1990년대 초반, 나의 반짝 성공 커리어는 바로 눈앞에서 사라지기 시작했다.

영적 각성

재정적으로 힘든 시기였고, 돈에 맞추어 살 수 있는 곳을 찾아야 한다는 것을 깨달았다. 생각 끝에 캘리포니아를 떠나 콜로라도로 이사하기로 결정했다. 나는 짐을 꾸려 덴버로 향했고, 그곳에서 다시 주택담보대출 관련 일을 준비했다.

그때는 깨닫지 못했지만, 이상한 예지 현상이 일어나는 것을 알아차리기 시작한 것은 이 무렵이었다. 어느 날, 쇼핑을 갔다가 검은색 주방용품이 가득 든 가방을 사 들고 돌아왔다. 검은색 깔개, 검은색 수건, 검은색 냄비받침 여러 개였다. 이상한 것은, 내 주방은 파란색과 흰색뿐, 검은색은 아예 없다는 것이었다. 내가 왜 그랬는지 전혀 몰랐다. 나는 새로 산 물건을 옷장에 넣고 잊어 버렸다.

1년이 안 되어, 덴버 도심에서 베일리의 산속 주택으로 이사를 했다. 전혀 계획했던 게 아니었다. 이사한 집에서 짐을 풀다가 전에 구입한 주방용품 가방을 발견했을 때 받은 충격이란! 새 집의 모든 가전제품이 검은색이었다. 장식품, 깔개, 수건과 완벽하게 어울렸다. '흠..., 이상해'.

그런 기이한 작은 일들이 그 뒤로도 몇 년간 계속해서 일어났지만 그것이 영적 각성의 시작인 줄은 몰랐다. 나는 눈을 꼭 감은 채 직관적인 길로 끌려가고 있었다. 내 직관이 대규모로 시작될 줄은 알지 못했다.

직관에 주목하라

나는 로이라는 비즈니스 파트너와 함께 작은 주택담보대출회사를 열었다. 새로운 회사에서 꽤 잘 지냈지만 일에 대해 불안한 느낌이 계속 들었다. 뭐라고 콕 집어 말할 수는 없었지만, 어딘가 많이 잘못되었다는 느낌 같은 것 말이다! 나는 긴 시간을 일했고, 회사를 성장시키기 위해 모든 에너지를 쏟아 부었다. 그러던 어느 날, 컴퓨터 앞에 앉아 로이가 은행 예금 계좌로 어떤 일을 벌이고 있는지 살펴 보게 되었다.

은행 계좌에서 합산되지 않은 여러 항목을 발견하는 데는 시간이 오래 걸리지 않았다. 나는 멍하니 화면을 바라보았다. '이게 맞을까? 아니야, 이럴 순 없어.' 취소된 수표를 살펴보고서야 로이의 횡령을 알게 되었다. 로이가 그랬을 리가. 어떻게 나에게 이럴 수 있지?

한 장 한 장 세세히 살피면서 로이의 도둑질을 밝혀냈고, 그때마다 내 복부에 강한 펀치가 더해지는 것 같았다. 배신은 삼키기 힘든 알약이었다. 그는 내 친구였다. 함께 어울려 다녔고, 열심히 일했다. 그런데 바로 코앞에서 그가 훔친 것이다. 어떻게 친구에게 이런 짓을 할 수 있을까? 역겹고 속이 울렁거렸다. 이 사업에서 빨리 손을 떼라고 무언가가 내게 열정적으로 말하고 있었다.

배우기 힘든 교훈

영적 안내자들은 말한다. 우리가 이곳 지구에 사는 동안 일이 순조로울 때는 교훈을 얻지 못한다고. 그것은 끔찍한 경험이었다. 영적 안내자들이 그곳에서 빠져나오라고 말했던 것이 확실했다. 그토록 오랫동안 모른 체했던 그 잔소리를 알아듣기 시작했을 땐 이미 때가 늦었다. 로이가 횡령한 금액을 다 합산했을 때 나는 재정적으로 황폐해져서 사업을 중단해야 했다. 나는 로이를 절도 혐의로 고소했고, 경찰서에 제출할 사건

자료를 준비하기 위해 산더미 같은 서류를 뒤적여야 했다. 마침내 3링 바인더에 엄청난 증거를 담아 형사에게 전달했다. 증거 무더기를 바라보며 형사가 말했다.

"오! 보통 사람들은 서류 몇 장 넣은 신발 상자를 던져 주고는 우리가 그걸 정보화할 거라 기대하더군요. 우리가 당신을 고용해야겠어요. 내 팀에 당신 같은 사람이 있어야 하는데 말이죠. 한번 생각해 보세요."

나는 그의 말에 아무 생각 없이 웃었다. 이미 내가 경찰의 길을 향해 가고 있다는 사실을 당시엔 깨닫지 못했다. 사건은 검찰로 넘어갔고, 로이는 횡령한 돈을 갚든지 감옥에 가든지 선택해야 했다.

사건이 종결된 뒤, 형사가 내게 경찰 분야에 관심이 있는지 다시 물었다. 나는 생각해 보겠다고만 했다.

주택담보대출사업을 접고 나니 수입이 전혀 없었다. 그래서 내가 가장 잘 아는 분야로 돌아가 동물들과 함께 일하기로 마음먹었다. 지역 신문에 '코랄 걸' 광고를 내고 말똥 치우는 일을 시작했다. 내 생계가 그 일에 달려 있었다.

처음부터 잘 풀렸던 것은 아니다. 때는 겨울의 시작이었고 대부분의 사람들은 땅 위의 눈으로 울타리가 청소되기를 원하지 않았다. 고객은 몇 명밖에 없었고, 작업은 힘들었다. 그래서 펫시터, 도그워커 일도 찾아서 해야 했다.

시간이 지나면서 목장 청소 사업이 번창하기 시작했다. 나의 엄청난 말똥 제거 실력에 대해 주변에 얘기하는 고객이 늘어 갔고, 말똥 덕분에 내 삶은 꽤 편해졌다.

3
코랄 걸

나는 참으로 아름다운 것을 보면 눈물을 흘렸다.
그중 어떤 것도 자유롭게 달리는 말의 우아함과 아름다움을 따라갈 수 없다.
— 무명씨

말똥과 사후 세계가 어떤 관련이 있는지 궁금할 것이다. 음, 조급해 말기를. 나는 좋은 방향으로 가고 있었다. 목장 청소를 하는 동안 자기분석을 많이 했고, 지역사회에 환원하고 싶은 강한 열망을 느끼기 시작했다. 전에는 자원봉사를 한 적이 없었기 때문에 그것은 이례적인 느낌이었다. 매일 동물과 함께 있는 것이 내겐 매우 만족스러웠다. 나는 동물, 특히 도움이 필요한 동물을 위해 무언가를 해야 한다는 강박을 느꼈다.

나는 이 모든 자원봉사가 나를 인생의 다음 단계로 데려가기 위해 열심히 노력했을 내 영적 안내자에 의한 것이라고 확신한다. 그들의 확고한 안내에 따라, 나도 모르는 사이에 콜로라도주 베일리에 있는 유기동물보호센터를 찾았다.

어느 여름날, 비좁은 사무실에 들어가 자원봉사에 대해 물었다. 내 말이 끝나기도 전에, 그들은 한손에는 삽을, 다른 손에는 양동이를 들려

주었다. 또 다른 자원봉사자 제프는 나를 낡아 빠진 시설 뒤쪽으로 안내하여 사육장을 청소하게 했다.

절차에 익숙해지면서 유기동물보호센터 직원 앨빈과 함께 차를 타고 동물 관련 전화 응대를 했다. 방치되고 학대 받는 많은 동물들을 함께 구했고, 동물들에 대한 깊은 소속감과 친밀감을 느끼기 시작했다.

법을 집행하는 사람이 되다

유기동물보호센터에서 켄넬 청소에 몰두하고 있던 어느 날, 한 경사가 다가왔다. 나는 지난 몇 달간 보안관보들과 차에 동승해서 일을 했고, 내가 어떤 일을 하고 있는지 알아차리는 중이었다.

"당신에 대해 정말 좋은 말을 많이 들었습니다. 다른 보안관보들이 그러는데, 당신은 전화 응대를 정말 잘한다더군요."

나는 칭찬에 놀랐다. 나는 나의 자원봉사 활동이 이른바 '고위층'으로 불리는 고위 간부들의 눈에 띌 거라고는 생각지도 않았다.

"고마워요. 칭찬 감사합니다."

나는 아래를 내려다보다가 머리부터 발끝까지 개털로 덮여 있다는 것을 깨달았다. 개털을 떼어 내려고 빗질했지만 소용없었다. 그런데 그가 다음에 한 말은 나를 놀라게 했다.

"정규직 보안관보가 되는 걸 고려해 보세요. 우리 부서에는 당신 같은 좋은 사람이 필요합니다."

나요? 경찰요? 뭐라고요? 아니에요. 그는 제정신이 아닌 게 틀림없어. 나는 경찰이 되겠다는 생각은 한 번도 해 본 적이 없었다. 절대, 절대, 절대!

다음 몇 주 동안 그의 말이 계속 생각났다. 내가 그 일에 대해 고려하고 있다는 것 자체로 제정신이 아니라는 생각이 들었다. 난 그때까지 총을 쏴 본 적도 없었다. 그러나 흠, 나는 전화 응대 그리고 스트레스가 많은 상황을 처리하는 것을 즐긴다. 실제로 나는 함께 동승하는 보안관보들과 같은 일을 하고 있다. 나는 단지 그 일로 돈을 벌지는 않는다. 어쩌면, 정말 어쩌면, 나도 이 일을 할 수 있을지도 몰라.

4
경찰 경력

개는 말을 하는데, 들을 줄 아는 사람에게만 말을 건넨다.
— 오르한 파묵(Orhan Pamuk)

2000년 여름, 나는 레드 록스 경찰학교에서 체포 통제 부문 최우수상을 받고 졸업했다. 그때가 서른여섯 살로, 결코 젊지 않았고, 육체적으로나 정신적으로 힘들 때도 있었다. 하지만 도전할 준비가 되어 있었다. 쉽지는 않았지만, 졸업장을 받고 싶은 마음이 간절했다.

캐런과 엄마 우르술라, 졸업식 날.

같은 해 9월 파크 카운티 보안관 사무실에서 나를 고용했고, 나는 부서에서 유일한 여성 보안관보가 되었다. 이제부터 나의 직업은 '보호하고 봉사하는 것'이기에 갈퀴와 장화를 은퇴시켜야 했다. 그때 나는 도대체 무슨 생각을 하고 있었던 걸까?

점 잇기

작은 보안관 부서는 24시간 보안관보를 배치할 수 없었기 때문에 종종 혼자 일하는 경우가 있었다. 전화 응대를 하면서, 나는 사람들의 마음과 에너지를 읽는 데 능숙해졌다. 내 생계가 거기에 달려 있었다. 나는 범죄 현장에 도착해서 몇 분 만에 무슨 일이 일어났는지, 누가 거짓말을 했는지, 누가 진실을 말하고 있는지, 누가 나를 다치게 하고 싶었는지 알아내야 했다.

나는 용의자들의 눈짓과 몸짓 같은 미묘한 단서들을 지켜보았다. 내 신변의 안전을 위해 직감이 작용한다는 것을 느끼기 시작했다. 신입 경찰로서, 처음으로 모든 것이 나를 위해 통합되기 시작했다.

나는 무언가가 옳지 않다고 느낄 때 직감을 믿는 법을 배웠다. 예전의 사업 파트너가 좋지 않다는 걸 느꼈던 것처럼, 그 감정을 파악하고 내가 맡은 사건 하나하나에 주의를 기울였다.

로키 산맥의 높은 곳에서 나는 영적인 각성을 경험하고 있었다. 오랫동안 잊고 있었던 감각과 사이킥 능력을 기억해 내기 시작했고, 오랫동안 살아온 물질계의 껍질을 벗겨 내기 시작했다. 나는 에너지장과 감각 지각의 세계로 이동하고 있었고, 나도 모르게 사이킥 영역에 대한 직감을 깨우고 있었다.

고양이가 용의자를 발견하다

이 시기에 나의 고양이 '비자'에게서 첫 번째 메시지를 받았다. 비자는 자신에게 심각한 요로 폐쇄 증상이 있다고 말했다. 이것은 뒷날 사실로 밝혀졌다. 다음은 나의 책 『모든 생명체의 소리를 들어 보라!』에서 발췌한 내용이다.

> 어느 토요일 아침, 부엌으로 걸어 들어갔을 때 비자가 바닥에 누워 있는 것을 보았다. 나는 조리대로 걸어가며 큰 소리로 말했다.
> "안녕 비자, 오늘 컨디션 어때?"
> 즉시 "나는 막혔어."라는 말이 들려왔다.
> 그 소리는 마치 내가 직접 말한 것처럼 아주 명확하게 들었다. 내 목소리였지만 내가 말한 건 아니었다. 나는 막 잠자리에서 일어난 직후였고, 커피를 내리는 데 몰두하고 있었다.
> 나는 비자를 내려다보며 물었다.
> "네가 그렇게 말했니?"
> "응, 나는 막혔다고."

그 말은 아주 분명하게 들려왔고, 절박하기까지 했다.

비자를 동물병원에 데려가 보니, 비자의 방광이 소변으로 꽉 차 있었다. 비자는 실제로 막혀 있었고, 다행히 의사가 비자의 방광출구폐색을 성공적으로 치료할 수 있었다. 그때 나는 범죄 현장에서 마주치는 동물들이 정보 자원이 될 수 있다는 것을 깨달았다.

가정폭력 전화를 받고 출동했을 때 고양이에게서 처음으로 받았던 메시지는 지금까지도 잊을 수가 없다.

나는 피해자인 여성의 진술을 듣고 있었고, 다른 경찰관 2명은 도보로 도주한 용의자를 수색하는 중이었다. 서류 작성을 마치자, 금속 창고 뒤에서 그곳에 사는 고양이가 앞으로 나와 나를 똑바로 쳐다보고는 다시 창고를 바라보더니 "안." 하고 말했다.

설마? 용의자가 그 창고 안에 있을 리가? 다른 보안관보들이 찾는 것을 잊었나? 이 고양이는 정말 용의자가 어디 있는지 알고 있는 걸까? 나는 조심스럽게 창고에 다가가 용의자에게 손 들고 나오라고 명령했다. 문이 천천히 열렸고, 용의자가 두 손을 번쩍 들고 밖으로 나왔다. 용의자는 좀 전에 수색을 마쳤던, 바로 우리 코 바로 앞에 있는 창고에 숨어 있었다. 그 고양이가 아니었다면 용의자를 놓쳤을 것이다.

사슴이 용의자의 위치를 정확히 알려주다

어느 날 밤, 차량을 제어하지 못하고 현장에서 도주한 무장 용의자에 대한 제보 전화가 왔다. 나는 다른 두 명의 경찰관과 함께 조명과 사이렌을 울리며 대응했다. 상관이 내게 차량 주변을 안전하게 지키라고 명령한 뒤, 다른 경찰관과 함께 용의자를 찾기 위해 서둘러 길을 떠났다.

어둠속에서 나는 홀로 풀밭에 있는 거대한 소나무 뒤 안전한 곳에 자리를 잡고 그 주변을 살피기 시작했다. 휴대용 무전기를 들고 동료들의 이야기를 듣던 중, 작은 사슴 한 무리가 풀밭을 지나가는 것을 보았다.

사슴들은 동물 특유의 감각으로 내가 있다는 것을 알아채고는 머리를 숙여 길게 자란 풀을 뜯어 먹으며 나를 주시했다. 그러다가 내가 위협적이지 않다는 것을 알고는 몇 미터 떨어진 지점까지 걸어왔다. 동료 경찰관들은 약 8백 미터쯤 떨어진 곳에 있었는데, 용의자를 찾지 못했다는 보고가 들어왔다.

나는 사슴들이 계속 내 오른쪽에 있는 숲을 바라보고 있다는 것을 알아차렸다. 경찰의 모든 수색 활동이 내 왼쪽에서 이루어지고 있었지만, 사슴들은 나의 오른쪽에 눈과 귀를 집중하고 있었다.

갑자기 '그는 어디에 숨어 있을까' 하는 생각이 들었다. 나는 사슴을 똑바로 바라보았다. 순간 "통나무들, 뒤에 있는 통나무들"이라는 말이 들려왔고, 쓰러진 나무 이미지가 스쳤다. 내 생각인 것 같았지만 내 생각이 아니었다. 나는 통나무에 대해 생각한 적이 없었다. 이 사람을 찾으면 도대체 뭘 어떻게 해야 할까?

나는 권총을 뽑아 들고 풀밭 오른쪽 어둠속으로 조용히 걸어 들어갔다. 몇 걸음 가다 보니 쓰러진 통나무 몇 개가 눈에 들어왔다. 가까이 다가갈수록 가슴이 쿵쾅쿵쾅 뛰기 시작했다. 숲에서 용의자의 에너지가 퍼져 나오는 것이 느껴졌다.

"경찰이다! 손들엇!"

나 스스로도 놀랄 정도로 위풍당당한 말투가 내 입에서 터져 나왔다.

"당장 손들엇!"

다시 소리쳤더니 놀라운 일이 일어났다. 풀밭에서 두 손이 마치 토스터기에서 팝타르트가 튀어나오듯 솟아나왔다. 그리고 바로 애원하는 목소리가 들렸다.

"쏘지 말아요! 쏘지 마!"

나는 용의자에게 총을 겨누고 있다고 무전을 통해 알렸다. 사슴은 이미 어둠속으로 사라진 뒤였다. 나는 용의자에게 수갑을 채우고 순찰차 뒷좌석에 앉혔다.

동료들이 번개 같은 속도로 달려와 하이파이브를 하고는 내 등을 토닥였다.

"대단해, 앤더슨!"

경사가 다시 말했다.

"잘했어. 용의자가 거기에 있는지는 어떻게 알았어?"

음, 절대 말하지 않을 거야.

5
범죄 현장의 동물들

분명히 동물들은 우리가 생각하는 것보다 더 많이 알고 있고,
우리가 아는 것보다 훨씬 더 많이 생각한다.
— 아이린 M. 페퍼버그 박사(Irene M. Pepperberg, Ph.D.)

경찰 업무를 시작하고 나서, 동물들이 좋은 목격자란 사실을 알기까지는 그리 오랜 시간이 걸리지 않았다. 동물들은 정직하게 편견 없이 정확히 무슨 일이 일어났는지 내게 보여 주었다. 나는 사건 수사 정보를 그들로부터 여러 번 얻었다. 그러나 내 비밀 정보원은 다리가 4개이고 꼬리가 있다는 사실은 아무에게도 말하지 않았다.

실종된 소년이 국유림으로 사라졌던 사건에서는 어떤 가족의 반려견이 방향을 알려 주었다. 몇 시간이 지나, 수색구조대가 개가 알려 준 지역에서 무사한 소년을 발견했다.

가정 폭력 신고 전화를 받고 처리할 때, 어떤 고양이가 가해자는 남자가 아니라 여자라고 했다. 처음에는 여성이 피해자인 것 같았다. 팔에 피도 나고 멍든 상처가 있어서였다. 나중에 확인된 사실은 그녀가 자해한 후 남편에게 맞은 것처럼 꾸민 것이었다.

총을 든 남자

911 신고에 대응해서 사건 현장에 도착했을 때 피투성이 남자가 허공에 총을 휘두르고 있었다. 그는 이웃집 개들에게 공격 당했다고 주장했다.

나는 그에게 무슨 일이 있었는지 물었고, 그는 앞뒤가 맞지 않는, '정성 들여' 꾸민 이야기를 들려주었다. 나는 그의 집에 있는 개들에게 무슨 일이 있었는지 조용히 물었다. 그의 개들은 그가 아무런 이유 없이 이웃집 개를 공격한 가해자이며, 그가 다른 개들도 폭행했다고 했다.

분명한 사실 한 가지는, 그는 이웃집 개들이 자기 마당에 똥을 쌌을 때 진저리를 쳤고, 분노에 휩싸여 개들을 뒤쫓아 삽으로 여러 차례 때렸다는 것이다. 그 난투극 속에서 개들이 그를 땅에 쓰러뜨리고 공격했던 것이었다.

다행히 어떤 목격자가 이 사실을 확인해 주었기 때문에, 나는 개들을 심문하여 그 남자가 유죄임을 개들이 확인해 주었다는 보고서를 작성할 필요는 없었다.

늙은 사냥개

어느 날은 무전으로 한 노인의 고독사에 대한 보고가 들려왔다. 고독사는 타살인지 자살인지 자연사인지 알 수 없으므로 현장 보존에 각별한 주의가 필요하다.

구급대원들이 피해자를 살리려 충분히 애썼지만 때는 늦었다. 그 남자는 죽어 있었다. 가구가 넘어지고 바닥에 물건들이 흩어져 집은 엉망이 되어 있었다. 내가 봤을 땐 누군가 이 노인을 잔인하게 공격한 것이 틀림없었다.

폴리스라인 테이프를 붙이는데 뒤쪽 베란다에서 늙은 사냥개 한 마리가 참을성 있게 기다리고 있는 것이 보였다. 개는 모든 소란을 잊은 듯 방충망 현관문에 시선을 고정하고 있었다. 개의 배고픔이 느껴져 순찰차에서 강아지 간식을 갖다 주었더니 꿀꺽 삼켜 버렸다.

유기동물 보호센터 직원의 답변을 기다리는 동안 나는 개에게 무슨 일이 있었는지 물었다. 늙은 개는 이 남자가 집에 혼자 있었고 아파서 울기 시작했다고 말했다. 뭔가 박살나는 시끄러운 소리가 났고 그 뒤에는 침묵이 흘렀다고 했다. 그리고 나서 자신의 주인이 다시는 밖으로 나오지 않았다고 했다. 나는 그 개가 틀렸다고 생각했다. 왜냐하면 집이 너무 엉망이었기 때문이었다.

피해자는 심한 발작으로 인해 사망했다

나중에 검시관은 그 노인이 처방 받은 약을 복용하지 않았기 때문에 심각한 간질 발작의 피해자가 된 것으로 결론 내렸다. 그가 쓰러지면서 가구를 쳐서 넘어뜨린 것이 마치 폭력 사건이 났던 것처럼 보인 것이다.

그 늙은 사냥개가 맞았다.

그 사건 이후, 나는 동물들이 자신의 눈으로 본 사건의 정확한 세부 사항을 제공할 수 있다는 사실을 깨달았다. 이런 사건들은 결국 나를 사이킥으로 일하게 이끌어 준 디딤돌이 되었다.

6
보안관보에서 사이킥이 되기까지

사람이 동물을 사랑하게 되기 전까지,
그 사람의 영혼 일부는 잠에서 깨어나지 않고 있는 것이다.
— 아나톨 프랑스(Anatole France)

몇 년이 지나, 보안관 사무실을 떠나 워싱턴 주 스포캔으로 이사하기로 결정했다. 경찰 업무를 정말 좋아했기 때문에 결정 내리기가 쉽지 않았다. 하지만 용의자는 점점 젊어지고, 나는 더 늙어 가고 있었다.

나는 스포캔 지역에서 경찰 일을 계속하지 않을 것이라는 것을 알고 있었기 때문에 내가 가장 잘 아는 분야로 돌아갔다. 그리고 — 아니, 이번에는 거름 분야는 아니었다. — 주택담보대출관련 업계에서 다시 일자리를 찾았다.

내 인생은 풀리고 있었다

이상하고 불안한 시간이었다. 아무리 애를 써도 내 앞에 어떤 일이 벌어

질지에 관한 통찰력을 얻을 수 없었다. 나는 공허함 속에 묻혀 있는 느낌이었고, 좀체 그 기분을 떨쳐버릴 수 없었다. 좋아하지 않는 직장에서 일하는 내내 힘겨웠다. 예전에 내게 많은 즐거움을 주었던, 동물들과 소통하는 것조차도 나를 지치게 했다.

나는 재능과 기술을 연마하기 위해 동물과의 의사소통 세션을 시간제로 진행하고 있었는데, 많은 사람들이 나의 심령 연구에 대해 부정적인 감정을 가지고 있다는 것을 느끼기 시작했다. 몇몇 친구는 내가 사악하며, 주술을 행한다고 비난했다. 그것은 내게 큰 상처를 주었다.

아무것도 제대로 진행되는 것 같지가 않았다. 내 직업이 싫었고, 인간관계는 엉망이 되었으며, 나를 마녀라고 생각하던 친구들이 싫어졌다. 정말 멋지게도, 내 삶이 본격적으로 무너지고 있었다.

인생에서 만날 수 있는 많은 선택지 중 가장 바람직하지 않은 선택지에 있는 느낌이었을 그 무렵, 나는 미국독립기념일(7월 4일)에 스포캔에서 열리는 바비큐 파티에 초대를 받았다.

그날까지 나는 인생의 방향을 잃고 인생의 목적을 잊고 있었다. 여기에서 나의 책 『모든 생명체의 소리를 들어 보라!』 속 이야기가 한 번 더 등장한다. 나는 그 파티에서 작은 흰 비둘기를 만났다. 그 비둘기의 메시지는 내가 애니멀 커뮤니케이터로서의 길을 계속 가는 것이 얼마나 중요한지 이해하는 데 도움이 되었다. 그 중요한 순간은 내 모든 걸 바꾸어 놓았다.

다음은 내 책에서 발췌한 내용이다.

우리는 테라스의 그늘막 아래에 앉아 있었는데, 파티 주최자가 내게 이웃의 들새를 보러 가고 싶은지 물었다. 듣자 하니, 이 운 좋은 작은 녀석은 그녀의 고양이 중 한 마리의 입에서 구조되었고, 그래서 그들이 그 새가 다시 건강해지도록 간호하고 있다고 했다. 내가 동물을 사랑하고, 동물과 소통할 수 있다는 것을 아는 옆집 이웃 테리가 나에게 그 새를 봐 달라고 초대했던 것이었다.

우리 중 몇 명은 옆집을 향해 빨리 걸어갔고, 잠시 뒤 테리는 검지 위에 아름다운 흰 비둘기를 얹고 나왔다.

테리가 어떻게 고양이 입에서 새를 구해 냈는지 설명하는 것을 들으면서 나는 이 조용하고 고요한 작은 비둘기에게 손가락을 뻗었다. 놀랍게도 비둘기는 망설임 없이 내 손가락 위에 올라섰다. 아이 몇 명이 비둘기를 쓰다듬어도 되냐며 방 안을 이리저리 뛰어다니는데도 미동도 하지 않았다.

"우리가 주는 음식을 좋아하는지 물어보세요!"

어린 소년이 소리쳤다.

"우리가 장만한 케이지를 좋아하는지도요!"

또 다른 소년이 흥분해서 질문을 했다.

온 가족이 이 작은 비둘기의 말을 듣기 위해 내 근처에 모였다. 나는 축복과 기도를 한 뒤 비둘기에게 소통을 허락해 달라고 부탁했다.

놀랍게도 비둘기는 나에게 고개를 숙이며 대답했다.

"당신을 기다리고 있었어요. 동물과 대화하는 사람 말이에요."

다시 아이들이 소리쳤다.

"비둘기가 뭐라고 해요?"

비둘기가 침착하게 말했다.

"나는 당신을 기다리고 있었어요. 음식은 괜찮아요. 하지만 고양이들은 케이지에서 멀리 떨어뜨려 놓아 주세요. 나는 더 높은 곳에 있고 싶어요."

나는 비둘기가 음식에 대해 한 말을 사람들에게 전해 주었다. 테리는 비둘기를 강아지용 케이지에 넣어 바닥에 놓아 두었고, 나는 고양이가 그 안으로 발을 넣을 수 있음을 확인했다. 하지만 비둘기가 "나는 당신을 기다리고 있었어요"라고 하는 말이 무엇을 의미하는지 확신이 서지 않았다. 그래서 "비둘기는 고양이가 가까이 있는 것을 원치 않아요. 케이지를 높은 곳에 올려놓는 게 좋겠어요."라고 제안하고, 다시 주의를 비둘기에게 돌렸다.

"비둘기는 어디에서 왔대요?" 하고 한 소년이 물었다.

"저 위에서." 비둘기가 조용히 대답했다.

"가족에게서 떨어져 나왔대요? 집에 가고 싶대요?"

질문이 연달아 쏟아졌다. 그때 비둘기가 조용히 내 검지 끝에 걸터앉으며 말했다.

"나는 천국에서 왔다. 너를 만나러 여기에 왔지. 이 순간을 기다려 왔단다."

갑자기 뭔가 세차게 몰려드는 느낌이었다. 바람이 아니라 뭔가 더 정신적인 것. 가족에 관한 질문은 멀어져 갔고, 비둘기가 나에게 직접 말하는 소리만 들렸다.

비둘기는 나를 똑바로 바라보며 이렇게 말했다.

"너의 마음을 따르고 너의 길을 따라가거라, 나의 아이야. 이것이 너의 소명이다. 나는 너를 위해 이곳에 있다. 너는 그것이 너의 마음 안에 있다는 것을 알고 있다. 너는 네가 해야 할 옳은 일이 무엇인지 알고 있다."

"뭐라고 해요? 이름이 뭐래요?"

아이들의 질문이 계속 이어졌지만 나는 비둘기에게서 눈을 뗄 수가 없었다.

"그간 고난과 부정적인 것에 맞서 왔구나."

비둘기가 말했다.

그 순간, 상처를 주었던 말들이 떠올랐고 눈물이 흘러내렸다. 그건 고통의 눈물이 아니라 이해의 눈물이었다.

"최근에 이 일에서 멀어지고 있었구나. 그렇지?"

비둘기가 물었다.

"네, 맞아요."

나는 텔레파시로 대답했다. 최근 내 인생의 사건들이 마음속에서 단편 영화처럼 펼쳐지고 있음을 깨달았다. 나는 이상한 관점에서 나를 보았는데, 마치 과거의 일이 다시 일어나는 것처럼 보였다. 두려움과 의심이 내게 다시 떠오르는 것을 느꼈다. 친구들이 나의 의사소통 능력에 대해 무례한 말을 할 때 고통을 느꼈다.

"얘야, 너는 신의 손길을 느낀 적이 있느냐?"

비둘기가 물었다. 나는 그의 발의 온기가 내 손을 거쳐 팔로 흘러 들어가는 것을 느낄 수 있었다. 평화롭고 편안한 느낌이 들었다.

"글쎄요. 난 그렇게 생각하지 않아요. 그걸 기억할 것 같아요."

나는 어떻게 대답해야 할지 몰라 말을 더듬었다.

비둘기가 말했다.

"네 자신이 신의 은총을 받았다고 생각해 보아라. 너는 신의 자녀다. 너는 네 일을 계속해야 한다는 것을 마음으로 알고 있다. 내 딸아, 두려워 말아라. 이것이 너의 이번 생의 목표다."

나는 영원처럼 보이는 것에 경외감을 느꼈다. 아이들이 애타게 비둘기의 대답을 기다리고 있었지만 말을 할 수 없었다. 그의 메시지가 나를 위한 것임을 어떻게 설명할 수 있을까.

"새한테 이름이 무엇인지 물어봐 주세요."

내가 오랫동안 침묵하자 한 아이가 조바심을 내며 물었다. 그러자 비둘기가 대답했다.

"품위 있는 이름을 원한다고 말해 줘요."

"품위 있는 이름을 원한대."

나는 평정을 찾기 위해 더듬거리며 말했다. 나중에, 그 가족이 이름을 '노아'라고 지었다는 것을 알게 되었다. 비둘기는 고양이보다 높은 곳에 있는 사랑스러운 새장에서 지금까지도 그들과 함께 지내고 있다.

내가 그를 가장 필요로 했던 바로 그 순간에, 우주는 그날 노아를 데려왔고, 그것은 모든 것을 변화시켰다.

관심이 가는 곳으로 에너지가 흐른다

그 힘든 시기를 돌이켜 보면 이제는 모든 게 명확하다. 일이 제대로 되지 않을 때, 장애물에 몇 번이고 부딪힐 때, 우주는 당신이 잘못된 길을 가고 있다고 말해 주는 것 같다. 그 당시 나는 나의 재능과 내가 필요로 하는 것들 그리고 나 자신에게서 점점 더 단절되고 있었다.

'관심이 가는 곳으로 에너지가 흐른다'는 말이 있다. 그런데 나의 모든 에너지는 엉뚱한 방향으로 가고 있었다. 나는 삶의 스트레스에 파묻혀 길을 잃었다. 내가 누구인지, 무슨 일을 하고 있는지 잊어버렸다. 이와 함께 나는 동물과의 의사소통도 중단했다. 나는 내 자신보다 모든 사람의 필요를 우선시했다. 변화를 주어야 할 때였다.

새로워진 자아의식

비둘기 노아에게서 메시지를 받은 뒤, 나는 다시 에너지를 집중하기 시작했다. 나는 내 모든 관심을 나 자신에게 되돌려 놓고 애니멀 커뮤니케이터로서의 내 재능을 존중하기 시작했다. 나는 이제 우선순위 1위였다. 다른 누구도 아닌 나만. 나는 새로운 자아를 갖게 되었고, 오랜만에 처음으로 살아 있음을 느꼈다.

엄청난 신념의 도약이 필요했지만, 나는 월급을 많이 주는 회사를 그만두었다. 그것은 내가 한 일 중에서 가장 잘한 일이었다. 그 뒤로 모든 상황이 딱 들어맞기 시작했다.

    나는 수업을 시작했고 심령술 쇼와 박람회에서 세션을 진행하기 시작했다. 새로운 고객들이 몰려들었다. 바퀴가 움직였고 우주는 나를 향해 미소 지었다. 나는 정상 궤도로 돌아왔다. 모두 하얀 작은 비둘기 덕분이다.

7
나는 사이킥이며 영매다

동물들이 상황을 어떻게 파악하는지는 모르지만,
상황을 잘 알고 있는 것은 명확하다.
— 프랜시스 호지슨 버넷(Frances Hodgson Burnett)

나는 스스로를 사이킥이자 영매(靈媒)†라고 생각한다. 사이킥은 사람들과 상황에 대해 오감을 훨씬 뛰어넘는 것을 감지할 수 있는 사람이다. 영매는 죽은 사람의 넋과 소통할 수 있는 사람이다. 사이킥이 모두 영매는 아니며, 영매가 다 사이킥인 것도 아니다. 나는 사이킥이자 영매다.

사이킥으로서 나는 나의 모든 감각에 의존하여 고객에게 필요한 정보를 얻는다. 오감 즉 가장 일반적인 5가지 감각은 시각·청각·미각·후각·촉각으로 알려져 있다.

영매로서 나는 죽은 동물과 죽은 사람에게서 메시지를 받아들이는 능력을 갖고 있다. 나는 아주 간단한 소통법으로 그들과 연락한다. 마치 당신과 내가 전화로 연락하는 것처럼 말이다.

이렇듯 영적 정보에 상세하게 접근하려면 특별한 감각이 하나 더 필

---

† I consider myself a psychic and a medium. 사이킥(psychic)도 '영매'의 의미가 있지만, 문맥상 psychic은 초감각을 지닌 사람 또는 초능력자로, medium은 영혼을 매개하는 사람 즉 영매로 해석했다.

요하다. '육감(六感)'으로도 불리는 이 특별한 감각에는 5개의 '초감각'이 있다.

5개의 초감각(超感覺)[†]

5가지 초감각은 초시각, 초청각, 초인지력, 초공감력, 초후각이다. 대부분의 사이킥은 작업을 위해 이러한 특별한 감각에 의존한다. 하나의 초감각이 다른 초감각보다 반드시 더 나은 것은 아니며, 이러한 능력은 시간이 지남에 따라 이동하거나 확장될 수 있다. 가장 우세한 초감각을 결정하기 위해 정보를 받는 방법에 주의해야 한다.

초시각
일반적으로는 볼 수 없는 것에 대한 이미지가 머릿속을 스쳐 지나간다. 마치 주마등이나 백일몽을 보는 것 같으며, '투시(透視)'라고 할 수 있다 .

초청각
마음속에서 어떤 말이나 소리를 듣는 것인데, 만일 자신의 목소리로 들었더라도 그것이 자신의 생각이 아님을 알아차리는 것이다. 초능력적인 소리와 영혼과의 소통은 다른 사람의 목소리로 전달될 수도 있다.

[†] 초감각을 '초능력'으로 이해하는 경우가 있다. clairvoyance(초시각), clairaudience(초청각), claircognizance(초인지력), clairsentience(초공감력), clairalience(초후각).

초인지력

평소에는 알지 못했던 사람이나 사건에 대해 감지하는 능력이다. 예를 들면, 어떤 일이 일어날 것 같은 예감이나 이상하고 불안한 느낌.

초공감력

다른 사람의 감정이나 육체적 고통을 느끼는 것이다. 천부적으로 감정에 민감하거나 감정이입을 잘하는 사람들이 있다.

초후각

죽은 사람이 애용했던 향수 또는 담배나 담배 연기 냄새를 맡는 경우를 말한다. 이러한 냄새를 생성하는 자연적인 요인이 없는데도 냄새를 맡았다면 그것은 한 영혼의 존재에 맞춰 가는 우리의 영적 능력이다.

초미각†

이것은 내가 동물과 함께 일할 때 피하려고 하는 유일한 초감각이다. 나는 어떤 개가 쓰레기통에 들어갔을 때의 맛이 어떤지 알 필요가 없다. 어떤 고양이와는 생쥐 맛을 공유한 적도 있다. 말할 필요도 없이, 이제 다시는 이런 일이 일어나지 않도록 확실히 한다.

우리에겐 저마다 자신의 초감각을 조율할 수 있는 능력이 있다. 시간이 지남에 따라, 한 가지 감각 또는 모든 감각을 더욱 선명하게 만들 수

---

† 저자는 5개의 초감각에 'Clairgustance'을 보탠 듯하다.

있다. 이는 들어오는 정보를 어떻게 받는지 연습하는 데 따라 달라진다.

스머지

'스머지'라는 이름의 죽은 고양이와의 세션에서 나는 거의 모든 초감각을 활용하여 이 귀여운 고양이의 특정 메시지를 보고, 듣고, 느낄 수 있었다. 스머지는 '마시멜로'라는 단어를 말하라고 했다. 그런 다음 상자 또는 속달우편의 이미지를 보여 주었다. 그리고 마침내 설렘과 기쁨의 엄청난 느낌을 내게 보내 왔다.

스머지

내가 스머지의 엄마인 엠마에게 마시멜로와 속달우편이 무엇인지 물었을 때, 엠마는 큰 소리로 웃으며 부활절 대접용으로 핍스 마시멜로를 속달우편으로 주문했기 때문에 매우 흥분했다고 고백했다.

우리는 상세한 메시지에 크게 놀랐다. 스머지는 엄마가 핍스 마시멜로를 주문했을 때 분명히 거기에 있었고, 아니나 다를까 다음 날 마시멜로 상자가 배달되었다.

8
텔레파시 애니멀 커뮤니케이션의 기초

당신은 사람과 동물 사이에 어떤 정신적인 텔레파시가 존재하는지 모른다.
― 티피 헤드런(Tippi Hedren)

살아 있든 죽었든 동물과의 소통은 주로 텔레파시 또는 마음과 마음으로 한다. 텔레파시는 말이나 물리적인 신호 없이 한 마음에서 다른 마음으로 생각을 직접 전달하는 방법이다. 메시지는 초감각적 수단을 사용하여 보내고 받는다. 여기엔 물질과 에너지의 힘과 함께 약간의 양자물리학이 관련되어 있다.

상황을 단순하게 유지하려면 다음과 같이 생각하라. 자동차를 운전할 때 엔진이 어떻게 작동하는지 알 필요가 없다. 또한 전화를 걸 때도 이 전화가 어떻게 작동하는지 알 필요가 없다.

동물과의 의사소통도 마찬가지다. 과학적 관점에서 그것이 어떻게 작동하는지 알 필요는 없다. 그냥 작동한다는 것을 믿으면 된다. 텔레파시와 양자물리학을 더 자세히 연구하여 이러한 매혹적인 주제에 대해 더 자세히 알아보기 바란다. 그러나 지금은 간단하게 유지하겠다.

영혼을 환영하는 사랑의 공간 만들기

나는 명상을 통해 세션 진행에 완벽한 분위기를 만든다. 명상은 관련된 모든 사람을 초대하고 환영하는, 평화와 감사로 가득 찬 사랑의 공간을 만들어 낸다. 나는 동물의 에너지가 가까이 있어야 보고, 듣고, 느낄 수 있다.

동물의 에너지는 하얗게 빛나는 구 형태에 둘러싸여 있다. 이 빛나는 보호막은 우리의 신성한 창조주에게서 나오는데, 세션을 진행하는 동안 모든 에너지를 분리하고 안전하게 유지하며 보호한다.

나는 동물의 에너지가 줄 지어 있는 것을 느낄 수 있다. 그것은 마치 비행기가 공항에 가까워질 때 하나의 운항 패턴으로 줄을 서는 방식과 비슷하다. 영혼들이 연결을 시도할 때, 나는 동물의 메시지를 각각 분리하려고 노력하는 관제사처럼 느껴지기도 한다. 동물들이 원하지 않으면 연결할 필요가 없는데, 대부분은 의사소통을 간절히 원한다.

그들은 부분적이거나 완전한 형태로 나타날 수 있다. 때때로 그들은 이 세상에 머물러 있는 것처럼 보이기도 하고, 어떤 때는 전혀 보이지 않는다. 나는 그냥 그들을 느낄 뿐이다. 여러 번, 나는 개의 코가 내 팔에 쿵 하고 부딪치고, 고양이가 내 다리를 문지르며, 말이 자기 발을 구르는 것을 느꼈다. 동물이 사진으로 연결될 때는, 완전한 형태로 나타나야 할 필요를 느끼지 않을 수도 있다. 각 반려동물들은 고유하며, 일부 반려동물은 메시지 보내기 같은 일을 하기 위해 에너지를 보존해 두기도 한다.

나는 종종 메시지를 공유하기 위해 동물을 유인해야 했던 적이 있었는데, 반려동물이 겁에 질렸거나 길을 잃거나 중상을 입은 경우였다. 일반적으로 그들은 사랑의 메시지를 당신과 공유하는 것에 신나 한다.

9
동물의 의사소통 방식

에너지는 생성되거나 파괴될 수 없다. 한 형태에서 다른 형태로만 바뀔 뿐이다.
— 앨버트 아인슈타인(Albert Einstein)

죽은 반려동물과 연결하는 몇 가지 다른 방법이 있다.

어떤 사람들은 리드미컬하게 북을 치거나 방울을 흔들어 의식을 전환하는 고전적 형태의 샤머니즘 여행을 통해 연결한다. 또 어떤 사람들은 영적 안내자의 도움이나 명상을 통해 연결하기도 한다. 그것은 모두 선호도나 훈련의 문제이며 하나의 방법이 반드시 다른 방법보다 나은 것은 아니다. 우리 모두는 심령 정보를 다르게 받아들이므로 가장 분명하게 들어오는 정보를 어떻게 수신하느냐에 달려 있다.

앞서 말했듯이, 나는 사진을 사용하여 죽은 반려동물과 연결한다. 사진 한 장을 이용해서 반려동물의 에너지를 호출할 수 있다. 그것은 마치 반려동물의 휴대폰 번호를 눌러 연락하는 것과 비슷하다. 사진이 항상 필요한 것은 아니다. 어떤 때는 반려동물이 그냥 나타나 세션에 합류하기도 한다. 어떤 때는 그 반려동물에 관한 묘사만으로도 연결할 수 있다.

사이킥으로서 나는 에너지를 읽는다. 이 에너지는 우리 주변에 있으며 세상을 돌아가게 하는 것이다. 동물의 영혼이나 그들의 에너지에는 지구에서의 삶의 경험과 기억이 모두 들어 있다.

동물의 영혼이 죽음 직전 육신을 떠나는 것은 우리 지구 영역에서 영적인 영역으로 전환하는 것이다. 그래서 나는 이 과정을 '전환'이라고 부른다. 영혼은 육체를 뒤로 하고 에너지 넘치는 새로운 존재로 전환한다.

살아 있는 동물과 비교해 봤을 때 죽은 동물과 연결하는 것이 내게는 사실 더 쉬운 일이다. 죽은 동물들은 순수한 에너지이며, 물리적 방해가 적어 연결이 순간적으로 이루어진다.

동물은 이미지로 메시지를 전달한다

동물은 종종 생각이나 메시지를 전달하기 위해 이미지를 보낸다. 이미지는 다양할 수 있고, 좋아하는 장난감, 사람 또는 특별한 장소에 이르기까지 모든 것을 포함할 수 있다. 그들이 그것을 볼 수 있다면 보낼 수도 있다.

예를 들어, 당신이 좋아하는 음식에 대해 생각해 보자. 그것이 어떻게 생겼는지 상상해 보자. 조각케이크인가 아이스크림인가? 스파게티 한 그릇일 수도 있다. 이 페이지를 읽는 동안에도 마음속에서 그것을 볼 수 있을 것이다. 당신이 이 책으로 당신의 초점을 되돌렸을 때 당신의 뇌리를 스쳤던 그 이미지가 어떻게 사라지는지를 주목하라.

그것이 동물이 사진이나 이미지를 보내는 방법이다. 번개 같은 속도로 발생하며 빠르게 사라질 수 있다. 이미지에 주의를 기울임으로써 나는 내가 보고 있는 것을 설명하고 고객에게 메시지를 전달할 수 있다.

'브리'와 줄자

'브리'라는 이름의 죽은 고양이는 내가 브리의 세션에 전화 초대를 하기 위해 브리의 엄마 레이첼을 기다리고 있을 때 줄자 이미지를 보내 왔다. 나는 그 이미지가 약간 혼란스러워서 레이첼에게 줄자가 무엇을 의미하는지 물었다.

들어 보니, 세션 직전에 레이첼은 침대 시트를 사기 위해 매트리스 크기를 재고 있었다고 한다. 줄자를 사용하는 동안 그녀는 침대에 놓인 베개를 보았고, 유난히 그 베개를 좋아했던 아름다운 고양이 브리를 떠올리면서 자신이 얼마나 브리를 그리워했는지 생각했다. 브리는 엄마의 생각을 알아차리고 내게 줄자 이미지를 보냈던 것이다. 브리가 자신이 가장 좋아하는 베개 위에 앉아 엄마가 침대 크기를 재는 것을 지켜보고 있었다는 것을 알 수 있게 하는 훌륭한 방법이었다.

동물은 이미지 말고도 생각이나 동영상을 보낼 수도 있다. 마치 내 마음속에서 어떤 사건이나 상황에 관한 영상을 보는 것과 비슷하다.

모든 화면에 크고 밝은 이미지가 번쩍거리고 있는 창고형 TV 매장에 걸어 들어가고 있다고 상상해 보라. 어떤 이미지는 바로 이해되지만 어떤 이미지는 이해되지 않은 것도 있다. 나는 종종 동물의 관점으로 사물을 볼 것이다. 대부분의 반려동물은 우리보다 눈의 위치가 땅에 훨씬 가까이 있기 때문에 그들은 그들의 관점으로 보는 이미지를 보낸다. 반려동물이 나에게 보여 주는 것을 설명하면 고객은 일반적으로 메시지가 그들에게 무엇을 의미하는지 밝혀 낼 수 있다.

동물이 인간의 말을 전송하는 방법

동물의 언어를 배우는 것은 새로운 외국어를 배우는 것과 같다. 외국에 갔을 때 그 나라 언어가 유창하지 않으면 각 단어의 의미부터 배워야 한다. 단어 하나하나를 찾아 봐야 하므로 번역 과정은 느리고 지루할 수 있다. 그 나라에서 더 많은 시간을 보낼수록 언어는 유창해진다.

연습을 통해 번역 과정이 쉬워지고 새로운 단어가 머릿속에 떠오르기 시작한다. 당신의 기억은 당신이 배운 새로운 단어와 기호를 저장하고, 당신은 저장된 기억으로부터 그림을 그리고 더 빨리 단어와 문장을 번역하기 시작할 수 있다. 동물을 이해하는 방법을 배우는 데도 같은 과정이 적용된다.

동물이 보내는 메시지에는 활기찬 에너지나 인상이 담겨 있다. 그 메시지는 일종의 생각처럼 나에게 텔레파시로 보내진다. 마치 이메일 메시지가 오는 것처럼 말이다.

거리와 시간은 장벽이 되지 않는다

거리와 시간은 장벽이 되지 않는다. 따라서 에너지 넘치는 메시지는 먼 거리라도 바로 수신될 수 있다. 일단 그 메시지를 받으면, 나의 저장된 기억과 기호를 바탕으로 그 인상을 번역할 수 있다. 나는 내면의 심령으로 메시지를 들으며, 그 메시지는 내가 이해할 수 있는 소리, 단어 또는 문장으로 번역된다. 번역 과정은 연습과 함께 시간에 따라 발전한다.

동물은 어떻게 인간의 말을 할 수 있을까?

인간의 언어를 배우는 것은 훌륭하고 멋진 일이지만, 동물은 인간의 언어를 사용하지 않는다. 그렇다면 어떻게 인간의 말을 전송할 수 있을까? 간단히 말하자면, 번역 과정은 나의 영적 안내자들과 관계를 발전시켰기 때문에 일어난다. 그들은 내가 이해할 수 있는 형식으로 메시지를 제시한다.

영적 안내자들은 육신이 없는 존재로 우리를 지켜보고 우리의 일생에서 길을 찾는 데 도움을 준다. 우리에겐 모두 영적 안내자가 있다. 당신이 그들의 존재를 인식하지 못하더라도 말이다. 어떤 영적 안내자들은 우리가 태어나기 전에 우리에게 배정되어 죽을 때까지 우리와 함께 있다. 어떤 영적 안내자들은 일시적이며, 특정한 상황에 처했을 때 우리와 만난다. 나는 함께 일하는 세 명의 주요 영적 안내자가 있으며, 각각은 내가 동물과 연결하는 데 도움이 되는 다른 업무나 전문 분야를 가지고 있다.

일본에서 온 고양이 미키

몇 년 전, 일본에서 교코라는 고객이 고양이 '미키'를 잃어버렸을 때 내게 연락했다. 그때 고양이의 메시지가 나에게 영어로 전달되어 몹시 놀랐다. 나는 일본어에 익숙하지 않았고, 세션 전까지 과연 미키의 메시지를 이해할 수 있을지 의문을 품었다. 번역 과정이 필요했기 때문에, 나의 영적 안내자들은 나의 기준에 맞는 상징 기호와 참조 프레임을 사용하여 메시지를 보내 주었다. 나는 모든 단어를 이해할 수 있었고, 미키는 몇 블록 떨어진 곳에서 발견되었다.

무룽구

동물이 무언가를 설명하는 방법을 모를 때, 그들은 전달하려는 메시지의 이미지를 보낸다. 14세의 그레이트데인 믹스견인 '무룽구'의 경우가 그랬다. 죽은 직후, 무룽구의 에너지는 먼저 세상을 떠난 무룽구의 주인 다이애나의 부모님과 연결되었다.

다이애나는 무룽구가 무지개다리를 건너갔을 때 자신의 부모가 맞아 주었다는 소식을 듣고 한껏 들떴다. 세션 도중, 무룽구는 자신의 수건과 담요에 대해 이야기해 달라며, 특별한 장소에 있다고 말했다. 그것을 설명하기 위해 무룽구는 나에게 차의 이미지를 보여 주었다. 다이애나는 무룽구의 담요로 카시트 커버를 만들었다며, 운전을 할 때도 무룽구가 항상 자신의 곁에 있을 것이라고 확신했다. 무룽구는 또한 내게 벤치를 언급해 달라고 했다. 다이애나는 우리가 통화하는 동안 일광욕실 벤치에 앉아 있었다.

무룽구

동물은 감정을 보낸다

감정은 동물이 메시지를 전달하는 가장 일반적인 방법 가운데 하나다. 살아 있든 죽어 있든 간에, 동물들은 다양한 감정을 담은 에너지 넘치는 메시지를 보낼 수 있다.

감정의 힘에 대한 예로, 당신이 누군가가 말다툼한 뒤 방에 들어간 경우를 들 수 있다. 그때의 방 안 공기는 마치 안개가 두껍게 낀 것처럼 답답해서 칼로 벨 수도 있을 정도다. 말다툼은 끝났지만 감정적 에너지는 남아 있다.

감정의 폭발

노스캐롤라이나주에서 개최된 애니멀 커뮤니케이션 워크샵에서 바바라라는 여성이 자신의 죽은 고양이 '비토'와의 의사소통 기술을 연습하고 있었다. 그런데 그녀가 갑자기 울음을 터뜨리더니 쉽게 그치질 못했다. 그녀는 당황스러워하며, 갑자기 자신이 버림받았다는 느낌을 받았다고 했다. 그러나 이유는 구체적으로 설명하기 어렵다며, 강력한 감정이 파도처럼 밀려왔다고 했다. 고양이의 주인인 레온이 무슨 일이 일어났는지 설명했다.

그들 부부는 군인이었는데, 어느 날 해외 배치를 명령받았다. 그들은 고양이 비토를 자식처럼 사랑했는데 데려갈 수 없기에 마음이 황폐해졌다. 한 친구가 비토를 데려갔고, 슬프게도 그들은 비토를 남겨두고 떠났다. 레온은 마치 자식을 잃은 것처럼 슬퍼했다고 말했다.

약 한 달 뒤, 비토는 문밖으로 나가 사라져 버렸다. 그 어디에서도 비토를 찾을 수 없었다. 레온은 비토에게 무슨 일이 일어났는지 전혀 알지 못했다. 그들은 자신들의 슬픔을 해결하지 못한 채 마치 방금 일어난 일인 것처럼 생생하게 끌어안고 있었다.

무슨 일이 일어났는지 듣고 나서, 나는 고양이의 에너지가 우리와 접촉할 수 있도록 공간을 열어 두었다. 그리고 나서 비토에게, 무슨 일이 일어났는지 그리고 왜 그의 사람들이 오래 전에 고양이를 떠날 수밖에 없었는지 설명했다. 마침내 레온은 소중한 고양이에게 자신의 감정과 헌신을 표현할 수 있었다.

몇 분 안에 치유 과정이 시작되었고, 우리를 둘러싼 공기는 더 가볍고 차분해졌다. 감정이 북받친 분위기가 부드러워졌고, 나는 레온과 비토가 고통스러운 기억에서 평화로운 곳으로 옮겨가는 것을 지켜보았다.

바바라는 처음에 비토의 감정을 느꼈지만 원인이 무엇인지 파악할 수 없었다. 그러다가 소통의 통로가 열림으로써 관련된 모든 사람들이 무슨 일이 일어났는지 이해할 수 있게 된 것이다. 통증이 사라졌다. 동물과의 의사소통이 주는 마법 같은 치유 효과는 나를 계속 놀라게 한다.

10
동물의 혼백을 듣고 보는 것

동물의 눈에는 훌륭한 언어를 구사하는 힘이 있습니다.
— 마르틴 부버(Martin Bube)

애니멀 커뮤니케이터로 처음 활동을 시작했을 때 나는 주로 혼자 공부했다. 동물의 행동을 연구했고 정신 발달에 관한 책을 모두 읽었다. 그 무렵, 유명한 사이킥인 존 에드워드를 발견했다. 나는 그의 TV쇼 「크로싱 오버(Crossing Over)」의 모든 에피소드를 녹음하고 반복해서 보았다.

그의 테크닉과 메시지 전달 스타일을 보고 들으며 많은 것을 배웠다. 존은 원래 초감각적 청각 능력자로서, 영(靈)이 말하는 것을 들을 수 있는 사람이었다. 나는 그의 방법을 중심으로 하여 내 스타일을 완성했다. 나의 목표는 동물들의 말을 듣는 것이었기에 수많은 연습을 통해 사이킥 귀를 발전시켰다.

몇 년 전, 스포케인에서 열린 심령술 박람회에서 갤러리 리딩[†]을 진행하고 있을 때였다. 청중 중에서 케이시라는 여성이 자신의 개 '벨라'

[†] Gallery Reading : 한 방에 모인 사람들을 위한 리딩. 남의 마음을 듣는 것. 이 설정에서는 사망한 참석자가 누구와 연결하고 싶은지, 얼마나 오래 연결을 유지할지 결정한다.

사진을 보여 주었다. 벨라의 사진을 보자마자 "긴장, 긴장, 긴장!" 하는 개의 말이 들렸다. 이 메시지를 전하자, 그녀는 벨라가 극심한 불안을 겪고 있다고 말했다.

곧 모든 동물들이 내게 말하는 소리가 들리기 시작했다. 말 그대로, 그들의 이야기를 모두 들을 수 있었다. 그때 쓴 책이 『모든 생명체의 소리를 들어 보라!』이다.

나의 소중한 친구 론에게는 '질리'라는 이름의 잭러셀테리어 종이 있

질리

었는데 16세에 죽었다. 어느 세션에서, 질리는 켈트 나선, 뼈 그리고 창에 대해 론에게 말해 달라고 했다. 물론 이 가운데 어느 것도 내겐 의미가 없었지만, 나는 질리가 말한 것을 론에게 전했다. 론은 간신히 충격을 억누르고 다음과 같은 메모를 보냈다.

"질리가 죽은 뒤 나는 뒤뜰에 많은 동심원과 함께 켈트 나선을 그렸어. 질리의 유해를 그 한가운데 놓고 마지막으로 나선의 중앙에 매우 강력한 창을 놓아뒀어. 캐런, 이걸 아는 사람은 나와 아내뿐이야."

질리는 자신이 죽은 뒤에 일어난 일의 마지막 세부 사항까지 완벽하게 설명한 것이다.

언젠가, 시내로 차를 몰고 나가면서 블루투스로 론과 대화를 나누는 중이었다. 그는 이제 막 저세상에 있는 질리를 방문한 샤먼 여행을 마치는 중이었다. 참고로, 샤먼 여행은 다른 차원에 있는 어떤 영혼을 방문하거나 치유하기 위해 명상을 하면서 영혼의 일부가 자유롭게 몸을 떠나는 것을 말한다. 다른 차원을 방문하는 동안 론은 질리에게 선물을 주었다. 그는 질리가 그 선물을 내게 보여 줄 수 있는지 물었다.

"론, 지금 운전 중이야. 집에 돌아가면 확인할 수 있어."

그러던 중 갑자기 질리가 코로 빨간 공을 밀고 있는 것을 보았다.

"좋아, 잠시만 기다려. 질리는 네가 빨간 공을 선물로 주었다고 하는데?"

나는 동물과 대화하면서 운전하는 것은 불법이라는 것이 법전 어딘가에 적혀 있을 거라고 생각했다.

"믿을 수 없어!"

론이 외쳤다.

"내가 여행 중 질리에게 준 것을 볼 수 있다니. 와, 감동이야."

그 뒤로 수없이 많은 동물의 영혼이 내 앞에 나타나기 시작했다. 그들의 눈을 한 번 바라볼 때마다 그들의 삶의 페이지가 펼쳐졌다.

때때로 동물의 영혼은 가장 특이한 장소에 나타난다.

어느 날 식료품 가게에 갔을 때 까마귀의 영혼이 한 남자의 어깨 위에서 뛰어다니는 것을 보았다. 그는 새가 자신을 따라오고 있다는 것을 알지 못했다. 그의 카트를 힐끗 쳐다보았더니 들새를 위한 씨앗 한 봉지가 있었다. 나는 남자에 대한 새의 사랑을 느꼈고, 그가 지나갈 때 미소 지을 수밖에 없었다. 그는 내가 자기에게 추파를 던지는 거라고 생각했는지 바로 말을 걸어왔다. 나는 차마 그에게 당신 어깨 위의 까마귀 영혼에게 미소지었다고 말할 수 없었다.

어느 날은 미용실에서 머리카락을 자르고 있을 때, 고양이의 영혼이 다른 손님의 발 주변을 맴도는 것을 보았다. 나는 그 여성과 대화를 나누기 시작했는데, 그녀는 자신의 늙은 고양이가 최근에 세상을 떠났다고 말했다.

무지개다리를 건너간 우리의 반려동물들은 우리와 함께 시간을 보내는 것을 좋아하며, 생각보다 결코 멀리 있지 않다. 그들이 우리 주변에 없을 때, 그들이 내세의 사랑으로 가득 찬 활기 속에서 우주를 떠돌아다니는 모습을 상상해 보라.

Part II

11
저세상

죽음은 없다. 세상의 변화일 뿐이다.
―시애틀 추장(Chief Seattle)

저세상은 무엇일까?

저세상은 반려동물들의 육신이 죽은 뒤 그들의 에너지가 존재하는 곳이다. 저세상은 차원이 다른 곳으로, '천국' 또는 '영원'이라고도 부르는데, 우리가 사는 세상과 겹쳐져 있다. 한 동물이 육신을 떠나면, 매우 다양한 진입점과 진출점이 있는 '포털(portals)'을 통해 에너지 또는 영혼이 지구와 저세상 사이를 여행한다.

동물들은 내게, 자신들은 지구상의 거의 모든 곳에 나타날 수 있다고 말했다. 그들은 우리의 차원과 그들의 차원 사이를 이리저리 쉽게 이동할 수 있다. 그들이 가장 좋아하는 진입점은 좋아하는 침대, 의자 또는 창턱과 같이 평소 친숙한 영역에 있다. 어떤 동물들은 마당, 축사 또는 많은 시간을 보냈던 장소 같은 실외 포털을 통해 다시 들어가는 것을 좋아하기도 한다.

저세상은 어디에 있을까?

의자에 앉아 이 책을 읽으면서 팔을 앞으로 내밀어 보라. 당신의 팔은 지금 저세상에 있다. 이제 발을 향해 손을 뻗어 보라. 발과 손은 저세상에 있다. 머나먼 우주 또는 우리보다 저 높이 위에 있는 것이 아니다. 우리 주변에 있다.

저세상 또는 다른 차원이 겹쳐져 있는 것은 우리의 죽은 반려동물이 물리적인 사망 뒤에도 우리와 상호작용할 수 있게 해 주는 것이다. 어떤 사람들은 저세상이 지면에서 약 60cm에서 1m 정도 되는 높이에 위치해 있다고 추측하는데, 이는 일부 유령이 공중에 떠 있는 것처럼 보이는 데 대한 설명이 된다.

어떤 동물의 영혼은 지면에서 내 발 근처에 있거나 내 무릎으로 뛰어오르는 것처럼 보이는 반면, 어떤 영혼은 허공에 떠 있는 것처럼 보이기도 한다. 반려동물과 마찬가지로 우리 모두는 지구에서 신체적 경험을 하는 영적 존재다. 언젠가 지구에서의 시간이 끝나면 우리는 반려동물이 우리보다 먼저 했던 것처럼 다른 차원으로 이동할 것이다.

동물들에 따르면, 저세상은 신체적인 형태로 즐겼던 동일한 영역을 포함하는 편안하고 사랑스럽고 즐거운 공간이다. 가장 큰 차이점은 이제 동물의 영혼 또는 에너지가 원하는 곳 어디든 갈 수 있다는 것이다. 울타리, 마당 또는 집의 벽이 더 이상 이동을 제한하지 않는다.

고양이 탠저린

나는 죽은 동물들이 사람들의 직장에서, 차 안에서, 휴가 중이거나 기타 여러 특이한 장소에서 사람과 함께 있는 세션을 진행했다.

어느 날 세션이 시작되기 전, '탠저린'이라는 이름의 죽은 고양이가, 자신의 사진을 보고 있는 내게 '치약'이라는 단어를 말하라고 했다.

"치약이라고?" 나는 그 치즈냥이에게 반문했다.

"알았어. 치약에 대해 얘기할게."

가끔 이해되지 않는, 생뚱맞은 메시지를 전달하는 것도 내 일이다. 아무리 낯설고, 슬프고, 때로는 웃음이 나올 정도로 황당해도 나는 그저 메신저일 뿐이며, 어떤 일이 닥치더라도 공유한다. 그래서 탠저린의 사람 엄마인 캐시가 전화했을 때 탠저린이 말한 것을 그대로 전했다.

"왜 그런지는 모르겠지만 치약에 대해 이야기해야겠네요. 치약은 당신에게 어떤 의미인가요?"

"그걸 얘기하다니 믿을 수가 없네요. 오늘 가게에서 치약 하나를 샀어요. 그것만 샀어요. 가게에 탠저린도 같이 있었을까요?"

"예, 그래요! 그는 당신이 치약을 사는 것을 보았고, 지금 당신 주변에 머물러 있다는 것을 당신이 알아 주기 바랐나 봅니다."

캐시가 울기 시작했다. 기쁨의 눈물이었다.

"탠저린이 너무 보고 싶었어요. 탠저린은 나의 세상, 나의 전부였어요. 내 앞에 줄 서 있던 남자가 고양이 사료를 사 들고 있어서 나는 탠저린을 생각하면서 치약을 들고 줄 서 있었어요. 탠저린이 바로 거기에 있었다니 정말 놀라워요!"

많은 고객들은 종종 자신이 떠난 반려동물을 주변에서 느꼈다거나 감지했다고 말한다. 사랑하는 반려동물을 곁눈질로 보았거나 침대에서 뛰어오르는 것을 느꼈다는 보도 기사도 있다. 이러한 일은 실제로 일어나며, 우리의 반려동물들은 언제든지 우리를 방문할 수 있다.

저세상으로 건너간 말티즈 '버디'는 세션에서 "둥글고 반짝이는 것에 대해 말해 줘요."라고 말했다.

"그게 뭔데?"

나는 그가 보여 주고 싶은 게 뭔지 확실하지 않아 다시 물었다.

"잘 모르겠지만…, 빛을 잡아요."

내 마음을 가로질러 반짝이는 둥근 구체가 번쩍이는 것을 보았을 때 그가 말했다.

알고 보니 버디의 엄마 바바라의 사무실 천장에 디스코 볼이 달려 있었다. 나는 동물들이 그 순간에 본 것을 바로 공유하는 것을 좋아한다. 나는 또한 버디 주변에서 파란색을 계속 보았다. 바바라는 자신이 가장 좋아하는 파란색 담요를 자신의 책상 옆 강아지 침대에 항상 둔다고 말해 주었다.

먼치킨과 크럼핏

밴드 이름처럼 들리지만 실제로는 저세상으로 건너간 '먼치킨'이라는 개와의 세션이 관련되어 있다.

"크럼핏에 관해 말해 주세요."

저세상으로 건너간 닥스훈트에게서 별난 메시지가 왔다. 나는 그 메시지가 먼치킨의 엄마 달린에게 얼마나 큰 의미가 있는지 몰랐다.

달린이 놀라워했다.

"와, 걔가 그걸 어떻게 알죠?"

"크럼핏을 먹고 있나요?"

나는 그들이 무엇을 하는지도 확신하지 못하고 물었다. 영국인이 크럼핏을 좋아한다는 것은 알고 있었지만, 개가 나에게 보내는 자료는 좀 별난 것이었다.

"오늘 아침에 아침식사로 크럼핏을 먹었어요. 잉글리쉬 머핀과 비슷한 거예요. 한 번도 먹어 본 적이 없지만 친구가 선물로 준 거죠. 먼치킨은 엄청난 대식가였어요. 그래서 크럼핏을 먹고 있을 때 먼치킨을 생각했어요. 먼치킨이 새로 이사한 집을 찾지 못할 수도 있다는 생각에 마음이 아팠답니다."

달린은 몇 달간 사랑스런 아들을 잃은 슬픔에 잠겨 있었다. 그녀는 주변에서 작은 강아지의 에너지를 감지할 수 없었고, 최근 여러 주 동안 이사하는 바람에 먼치킨이 자신을 찾지 못할까 봐 걱정했다.

"이사 때문에 죄책감을 많이 느꼈어요. 먼치킨을 뒤뜰에 묻고 나서 남편의 직장 때문에 이사해야 한다는 걸 알게 되었죠. 마치 먼치킨을 버린 것 같았어요. 나는 이사한 집에서 울고 우울해하는 것 말고 아무것도 한 것이 없었어요. 이웃도 만나지 않았죠."

"음, 더 이상 걱정 말아요. 먼치킨은 당신을 찾는 데 아무 문제가 없었어요. 이제 당신은 풀타임 아침식사 동반자가 있어요!"

나는 전화로 미소를 보냈다.

몇 주 뒤, 달린에게서 카드가 왔다. 먼치킨이 함께 있다는 걸 알게 된 뒤로 얼마나 기분이 상쾌해졌는지 알려 주는 내용이었다. 그녀는 작은 메시지 하나를 들은 뒤 삶의 관점이 극적으로 바뀌었다. 그녀는 새로운 이웃과 어울리기 시작했고, 슬픔 회복 그룹에 가입했으며, 지역 동물 보호소에서 자원봉사를 시작했다.

"다시 숨을 쉴 수 있을 것 같아요, 캐런. 제 삶을 돌려줘서 고마워요."

이런 말을 들을 때마다 항상 영광이지만, 나는 모든 공로를 동물에게 돌린다. 나는 그저 메신저일 뿐이다. 하나의 작은 메시지가 이렇게 치유의 힘이 크다는 걸 누가 알 수 있을까?

저세상은 어떤 곳일까?

동물들은 한결같이 저세상은 상대방을 존중하고 아끼는 영혼으로 둘러싸인, 사랑스럽고 즐거운 공간이라고 말한다. 대부분의 경우, 우리를 떠나 저세상으로 간 반려동물들은 인간과 동물 모두를 포함하는 가족, 친구들, 소중한 사람들로 구성된 개인적인 영혼 그룹과 함께 있다. 동물들이 천사와 같은 존재, 대천사들, 영적 안내자들 또는 당신이 알지 못하는 다른 사람들이나 다른 동물들이 되어 나타나는 예도 있다.

지금 이 공간에 그들과 함께 있다는 것은 정말 놀라운 일이다. 따뜻하고 수정처럼 맑은 석호에서 아무 노력 없이 물 위에 떠 있다고 상상해 보라. 기온은 24~26℃ 정도로 적당하고, 공기는 상쾌하고 깨끗하며, 잔잔한 바람이 부드럽게 불어온다. 물리적 세계에서와 그들이 겪었던 통증이나 고통은 존재하지 않는다.

몸이 그들을 제한하지 않으면, 동물은 이리저리 쉽게 차원을 이동하여 인생에서처럼 좋아하는 장소에 어울리게 된다. 그들은 한 번에 둘 이상의 장소에 있을 수 있으며, 물리적인 제한에 구속받지 않는다.

"아주 환상적이야!" 최근에 죽은 '부부'라는 고양이가 말했다. "나는 날 수 있어!"

그 말과 함께 나는 윤기 나는 검정색 고양이의 에너지가 나의 사무실 안을 신나게 돌아다니는 것을 보았다.

동물들은 종종 이곳 지구에서의 삶에 대해 즐겁고 유쾌하게 이야기하며, 고통스럽거나 불편한 것에 대해서는 거의 캐내고 싶어 하지 않는다. 그들이 가장 좋아하는 주제는 그들 자신이고, 다음으로 좋아하는 주제는, 음, 역시 그들 자신이다.

그들은 또한 그들의 집, 사람 집사 그리고 좀 재미있는 다른 얘깃거리에 대한 정보를 공유할 것이다. 그들은 자신에게 중요한 것에 대해 이야기하는 것을 좋아하며, 주제의 범위는 동물마다 다르다.

어떤 세션에서는, 최근에 죽은 '레오'라는 이름의 개가 계속해서 내 발에 테니스공을 떨어뜨리고 나를 뚫어지게 쳐다보고 내가 던져 주기를 기다렸다. 그의 엄마 캐서린은 레오가 살아 있을 때 가장 좋아했던 게임이라고 했다.

당신의 반려동물이 살아 있을 때 무엇을 하고 싶었는지 생각해 보라. 그들은 아마 저세상에서 그것을 하고 있을지 모른다.

나의 반려동물은 나를 그리워할까?

나는 종종 반려동물이 저세상으로 건너간 뒤에도 여전히 사람 가족(their human)을 그리워하는지에 대해 질문을 받는다. 유감이지만, 대답은 '그리워하지 않는다'이다. 그 이유를 설명하겠다.

무지개다리를 건너간 동물은 결코 당신에게서 멀리 떨어져 있지 않으며, 계속해서 당신 삶의 일부이다. 그들이 저세상으로 건너갈 때 그들에게는 그리 큰 변화가 없다.

그들은 여전히 당신을 볼 수 있고, 당신을 사랑할 수 있다. 그래서 그들은 당신을 그리워한다고 말하지 않는다. 당신은 그리워한다는 말을 듣기 어려울 수 있다. 그로 인해 당신의 감정이 다치지 않도록 하라. 여전히 당신 주위에 그들이 있다는 것은 실제로 좋은 일이지 않은가.

새로운 동물을 입양하면 전의 반려동물이 질투할까?

무지개다리를 건너간 반려동물이 다른 반려동물을 들이는 것에 대해 질투하거나 화를 낼 것인지 많이들 묻는다. 대부분의 경우 대답은 '아니오'이다.

당신의 반려동물은 당신이 삶을 최대한 즐기기 바란다. 다른 동물에게 사랑을 표현하면, 떠난 반려동물도 그 사랑을 느낄 수 있다.

또한 동물들은 자신에게 주어지지 않은 것은 욕심 부리지 않고 놓아 보내는 능력을 갖고 있다. 그들은 자신의 사람 가족이나 다른 동물에 대해 원한을 품거나 헐뜯는 경우가 거의 없다. 가끔 동물 형제자매 간의 경쟁의식이나 같이 거주했던 반려동물 간의 충돌에 대해 듣는 경우가 있는데, 그들은 대부분 그것을 표현하고 바로 잊는다.

사람과 달리 동물은 오래된 상처나 힘든 시간을 되새기는 것을 좋아하지 않는다. 이 세상을 떠난 대부분의 반려동물들을 확인할 때마다, 그들은 진짜 행복해 하며 기분 좋아한다.

나의 반려동물은 나를 볼 수 있을까?

저세상으로 건너간 동물들은 우리를 빛나는 구체로 본다고 한다. 그들의 마음의 눈에 우리는 여전히 그들의 기억을 바탕으로 그들에게 똑같이 보인다. 우리의 진동 에너지가 우리를 알아볼 수 있게 해 준다.

예를 들어, 인간이 얼굴을 덮는 마스크를 썼을 때 동물의 반응을 지켜보라. 동물은 마스크를 인식하지 못하지만 그들의 사람 가족의 소리를 듣거나 냄새를 맡자마자 누군지 바로 알게 된다. 우리의 아우라 또는 우리 주변의 에너지 그리고 우리의 독특한 진동 구조는 우리의 얼굴만큼이나 그들에게 인식 가능하다. 우리가 이 세상 어디에 있든 우리의 반려동물들은 우리 고유의 에너지 넘치는 흔적을 포착할 수 있다.

동물도 살아 있을 때와 마찬가지로 주변 환경을 보고 느낄 수 있다. 그것이 그들이 살아 있고 건강할 때 그랬던 것처럼 당신이 그들의 에너지가 집 주위를 어지럽게 돌아다니는 것을 보거나 느낄 수 있는 이유다.

최근에 세상을 떠난, '윈체스터'라는 골든 리트리버가 어느 날 세션 중에 해 준 말이 있다. 그는 우리에게, 자신의 엄마아빠가 행복해 할 때 그 에너지가 전구처럼 밝게 빛났다고 했다. 윈체스터는 가슴의 중심, 심장, 얼굴에서 밝은 빛을 보았다고 표현했다.

동물들은 저세상에서 누구를 볼까?

동물들은 그들이 살아 있을 때 우리를 보던 것과 같은 방식으로 저세상에 있는 다른 영혼들을 본다. 그들은 또한 그 사람의 에너지나 친숙한 장소의 에너지를 느끼고 감지할 수 있다.

저세상에서는 거의 모든 것이 텔레파시로 일어난다. 당신이 누군가와 함께 있고 싶을 때, 당신은 바로 그들 주변에 있다. 해변에 가고 싶다면 눈 깜짝할 사이에 거기에 가 있다. 그들은 다른 사람, 동물들 또는 친숙한 장소의 에너지를 느끼고 감지할 수 있다.

우리의 반려동물들은 여전히 우리를 볼 수 있지만 더 이상 육체가 없기 때문에 우리가 눈으로 볼 수는 없다. 그들은 그들의 에너지로 사물을 감지하거나 사물을 본다.

식료품 가게에 줄을 선다고 생각해 보라. 당신의 눈은 앞을 바라보고 있지만, 당신은 뒤에 누군가가 줄을 서 있는 것을 느낄 수 있다. 당신의 공간에서 그들을 느낄 수 있다. 그 사람을 보기 위해 몸을 돌릴 필요가 없다. 당신은 당신 근처에서 그들의 에너지를 감지한다. 이는 우리의 반려동물들이 저세상에서 우리를 감지하는 방식에도 동일하게 적용된다.

반려동물들은 저세상에서 어떻게 의사소통을 할까?

저세상에 있는 영혼들과 의사소통하는 것은 우리가 꿈에서 의사소통하는 방법과 비슷하다. 당신의 꿈에서 당신이 말할 필요가 없는지 확인하라. 당신의 생각이 당신이 원하는 것을 이루는 데 필요한 전부다. 소중한 사람이나 동물이 꿈에 나타날 때, 당신이 반드시 그들의 얼굴을 알아볼 필요는 없지만, 그들의 에너지를 감지하고 바로 서로를 알아본다.

우리는 꿈에서 무엇이든 할 수 있다. 새처럼 날거나 산소통 없이 잠수할 수 있다. 이 모든 것은 저세상에 있는 것과 같다. 나는 죽은 동물과 의사소통을 할 때 주로 초감각 청각 능력자가 된다. 즉 나는 그들의 말을 듣는다. 그런데 어떤 동물은 이미지를 더 잘 전달하고, 어떤 동물은 감정을 더 잘 전달한다. 어떤 반려동물은 나와 의사소통을 할 때 모든 방법을 다 사용하기도 한다. 그래서 나는 각 동물에 맞게 능력을 수정하고 나의 진동을 높여야만 한다.

어떤 반려동물은 메시지를 보내는 것이 정말 능숙한 반면 어떤 동물은 그렇지 못하다. 이것은 사람과 대화하는 것과 비슷하다. 어떤 사람은 의사소통을 정말 잘하지만 어떤 사람은 그렇지 않다. 어떤 사람은 넘치는 감정과 몸짓으로 자신을 표현할 것이고, 어떤 사람은 감정을 더욱 절제할 것이다.

동물들도 마찬가지다. 나는 고객 당사자를 포함하여 세션 동안 필요한 모든 것을 준비해야 한다. 나 또한 그들의 에너지와 작업을 하며, 그것이 세션의 성공을 좌우하기도 한다.

심령 세션이나 애니멀 커뮤니케이션 세션에는 반드시 차분하고 긍정적인 에너지를 갖고 가야 한다. 만일 당신이 산만하거나 기분이 좋지 않다면 일정을 다시 잡는 것이 좋다. 세션에 긍정적인 에너지를 가져오면 최고의 세션을 가능하게 하는 통신망이 열릴 것이다.

반려동물은 죽은 뒤에도 항상 우리 주변에 있을까?

반려동물은 저세상으로 건너간 뒤에도 당신의 가까이에 머물면서 당신을 주시하고, 평소 좋아하던 장소에서 어슬렁거린다. 당신은 그들을 가까이서 느낄 수 있고 특히 집 주변에서 그들의 사랑 에너지를 매우 강하게 느낄 수 있다. 시간이 지나면 그들의 에너지가 예전만큼 강하지 않을 수도 있다.

여기에는 몇 가지 이유가 있다.

당신의 반려동물들은 저세상으로 건너간 뒤에도 에너지가 넘치는 존재로서, 배움과 성장을 멈추지 않는다. 그들의 영혼이 진화함에 따라 일부는 내세에서 다양한 활동에 참여할 것이다. 이러한 활동에는 다른 사람과 동물이 저세상으로 건너가는 걸 돕거나 환생하여 지구로 돌아갈 준비를 하는 것이 포함될 수 있다. 어떤 반려동물들은 집단의식과 합쳐질 수도 있다.

그들의 영적인 방향은 그들을 이 세상의 다른 곳 또는 심지어 다른 우주로도 데려갈 수 있는데, 영적 존재로서의 그들의 여정이 무엇으로 구성되어 있는지에 따라 다르다. 당신의 반려동물이 저세상에 오래 있을수록 그들은 여기 지구에서는 당신에게 더 투명해진다. 각 영혼은 고유하고 완벽하고 신성한 경로를 따르는 동안 당신과 연결되어 있다.

환생한 동물들과 대화할 수 있을까?

어떤 사이킥은, 반려동물이 환생하면 다른 몸으로 다른 삶을 살고 있기 때문에 반려동물과 의사소통할 수 없다고 믿는다. 그러나 어떤 사람들은 그 영혼과 연결하는 것이 가능하다고 말한다. 이에 대해서는 환생에 관한 장에서 좀 더 자세히 다루겠지만, 지금은 환생 상태에 관계없이 언제든 어떤 동물과도 연결이 가능하다는 점만 말씀드리겠다. 그냥 내 스타일일지도 모르지만, 나는 당신이 기억하는 동물의 영혼이나 새로 환생한 영혼과 연결하는 데 문제가 없었다.

    나는 어린 시절의 반려동물과 연결하기 위해 얼마나 멀리 갈 수 있는지에 대한 시간의 틀이 있는지 질문을 받았다. 나는 아직 한계를 찾지 못했다. 내게는 연령대가 90대인 고객이 몇 분 있는데, 나는 먼저 죽은 반려동물들과도 쉽게 연결할 수 있었다.

12
사후 세계에서 오는 신호들

당신이 사랑하는 사람들은 딱 그 사람들을 생각하는 만큼 떨어져 있다.
― 존 홀랜드(John Holland)

이것은 내가 가장 좋아하는 주제이다. 사후 세계에서 오는 신호가 참으로 다양하고 많아서 깜짝깜짝 놀라곤 한다. 이는 당신의 반려동물이 무지개다리를 건너간 뒤, 자신들이 아직도 당신 주변에 있음을 알리려고 하는 신호다. 때로는 당신의 꿈에 생생하게 나타날 것이고, 살아 있을 때처럼 당신을 스쳐 지나가기도 할 것이다. 모든 사람이 그들의 반려동물의 에너지를 느끼거나 감지할 수 있는 것은 아니지만 대부분은 생각보다 절대 멀리 있지 않다고 내게 말할 것이다.

"왜 내 주변에서는 내 개의 영혼이 느껴지지 않을까요?"

'악셀'이라는 13년 된 핏불 믹스견을 잃은 제시가 물었다.

악셀은 슬픈 눈으로 나를 바라보았다.

"난 결코 멀리 있지 않아요. 내가 여기 있다고 말해 줘요."

악셀은 그렇게 말하며 자명종을 보여 주었다.

"자명종이 보이네요, 제시. 이것이 당신에게는 어떤 의미죠? 악셀이 그걸 왜 보여 줬을까요?"

제시는 악셀이 죽은 뒤 거의 주말마다 오전 5시 30분에 자명종이 저절로 울린다고 말했다.

"맙소사! 그렇게 한 게 악셀이에요? 나와 악셀은 주말마다 이른 아침에 조깅을 하러 가곤 했었어요. 나도 혹시 자명종이 울리는 게 악셀과 관련이 있나 궁금했었어요."

동물의 에너지는 전자기기를 조작할 수 있다

동물이 어떤 형태로든 나타나려면 많은 에너지가 필요하다. 전자기기를 조작한 것은 악셀이었는데, 악셀에게는 그게 쉬운 일이었기 때문이다. 나는 제시에게 그 점을 설명했다.

"악셀은 순수한 에너지예요. 당신의 전자기기에 간섭을 일으키는 데 에너지만큼 좋은 게 있을까요?"

"말이 되네요." 제시가 말했다.

"악셀은 당신을 엄청 사랑합니다. 악셀은 자명종을 설정해서 당신 주변에 자기가 있음을 알리고 있어요."

동물들은, 자신들이 우리 주변에 있다는 것을 알리기 위해 최선을 다한다고 말한다. 그들은 당신 주변의 자원을 활용할 것이다. 당신의 반려동물이 물건을 조작해서 신호를 보내기 위해서는 에너지가 필요하다. 당신은 그들에게 일종의 영적 연료를 공급할 수 있는데, 그 영적 연료는 그들이 더 많은 신호를 보낼 수 있게 해 준다.

영적 연료는 '사랑하는 생각', '기도', '행복한 기억'으로 구성된다. 이 강력한 에너지로 연료 공급을 보충하고 있다고 상상해 보라. 시간이 지남에 따라 우리는 그들의 미묘한 에너지를 느끼기 시작하거나 반려동물에 대한 꿈을 꾸기 시작할 수 있다.

너무 많은 신호들

사후 세계의 다른 신호로는 반려동물의 영혼이 가까이 있을 때 나비나 무당벌레 또는 잠자리를 보는 것이다. 반려동물들은 또한 깃털이나 동전을 보내 함께 있음을 알려 준다. 어떤 동물들은 정말 창의적이어서 라디오에서 그들의 이름을 듣거나 광고판에 게시하는 것을 볼 수 있다. 일부 반려동물들은 물건을 이리저리 옮기기도 한다.

최근에 죽은 개 '레프티'는 아빠 마이클이 강아지 간식을 보관해 두는 캐비닛을 열었다고 했다. 마이클은 자기가 미쳐 가고 있다고 생각했다면서 크게 웃어 댔다. 아침에 일어나면 캐비닛 문이 열려 있었던 것이다. 이제 그는 캐비닛 문이 열려 있는 것을 보면 좋아한다. 레프티가 자신의 사랑을 보여 주기 위해 들렀다는 것을 알기 때문이다.

몸 없이 물체를 움직이는 것이 얼마나 어려울지 상상해 보라. 패트릭 스웨이지 주연의 영화 『고스트(Ghost)』에서, 주인공 샘은 죽은 뒤에 물건을 조작하는 방법을 배워야 했다. 그는 육체 없이 깡통을 차고 동전을 움직이는 방법을 배우기 위해 오랜 시간 연습해야 했다.

반려동물이 주변에 없다고 해서 완전히 사라진 것은 아니다. 그들은 생각보다 가까운 곳에 있고, 당신의 애정 어린 관심과 행복한 추억을 애타게 기다리고 있다.

'몽키'라는 이름의 고양이

사만다라는 고객이 15살 된 고양이 '몽키'가 저세상으로 건너간 뒤 세션을 위해 연락해 왔다. 회색 고양이는 자신이 괜찮다는 것을 알리기 위해 꿈에서 엄마를 방문하는 방법에 대한 자세한 메시지를 제공했다. 빨간 하트가 있는 액자와 작은 오리도 보여 주었다. 내가 사만다에게 물었다.

"당신은 이런 얘기가 이해되나요?"

"그런 것 같아요."

사만다의 목소리는 거의 들리지 않을 정도로 작았다.

"모두가 자신의 반려동물에 대한 꿈을 꾼다는데, 왜 나는 몽키를 감지할 수 없죠? 몽키가 정말 그리워요. 몽키가 없으니 예전 같지 않아요."

나는 사만다에게 모든 사람이 죽은 반려동물에 대한 꿈을 꾸는 것은 아니라고 설명했다. 어떤 고객들은 죽은 반려동물에 대한 생생한 꿈을 꾸기 위해서라면 무엇이든 할 것이라고 말한다.

사만다는 원하는 유형의 메시지를 받지 못하자 슬퍼했다.

"몽키에게 내 곁에 있는 걸 느끼고 싶다고 말해 주시겠어요? 몽키 없이 살 수 없다고 말해 주세요."

며칠 뒤, 사만다는 세션의 녹음을 듣고 몽키가 자신만 알 수 있는 몇 가지 자세한 메시지를 공유했다는 것을 깨달았다. 몽키의 사진은 침대 옆에 놓인 빨간 하트 모양의 액자에 들어 있었다. 몽키가 가장 좋아하는 장난감은 작은 오리였다. 몽키는 자신이 사만다 주변에 있으며, 여전히 그녀의 삶의 일부라는 것을 알 수 있도록 이러한 특정 메시지를 공유했다.

신호는 항상 우리 주변에 있다

마리라는 이름의 고객은 최근에 죽은 고양이 '피트'와 함께했다. 세션이 시작되기 전, 피트는 침대 옆에 있는 램프에 대해 이야기하면서 "굿 나잇!"이라고 말해 달라고 했다. 나는 마리에게 왜 피트가 "굿 나잇!"이라고 말하고 램프에 대해 이야기하는지 물었다. 그녀는 피트가 죽은 뒤 한밤중에 침대에서 피트가 느껴져 잠에서 깼다고 했다. 그런 일이 일어날 때마다 협탁 위 램프가 깜박거렸다. 그녀는 피트가 하루 중에서 가장 좋아하는 시간이 밤에 함께 바싹 달라붙어 잘 때라고 했다. 피트는 항상 침대 옆 램프 옆에서 잤고, 마리는 밤에 불을 끌 때마다 피트에게 "굿 나잇!" 하는 인사와 함께 피트를 얼마나 사랑하는지 말해 주곤 했다.

그렉이라는 이름의 고객과 함께한 또 다른 세션에서는 최근에 죽은 개 '제이크'가 계속해서 나에게 강아지용 출입구를 보여 주었다. 나는 딸깍 소리와 함께 문이 열리고 닫히는 플랩도어를 보았다. 그렉은 전화 너머로 미소를 지으며 제이크가 죽은 뒤 강아지용 출입구의 플랩도어가 저절로 열리고 닫혔다고 했다. 자석 끝이 다시 붙으면서 독특한 딸깍 소리가 났다고 한다. 그렉은 자신이 미쳐 가고 있다고 생각했다. 딸깍 소리는 그렉 자신이 제정신인지 의심하게 만들었다. 그는 제이크가 여전히 집 주변에 있으며, 자신의 존재를 알리고 있다는 소식을 듣고 흥분했고 안도했다.

이 각각의 이야기에서 반려동물이 가까이 있다는 신호를 보내는 것을 알 수 있었다. 대부분의 경우 그들은 살아 있을 때 하던 일을 할 것이다. 반려동물의 존재를 감지하지 못했거나 비정상적인 활동을 감지하지 못했다고 낙담하지 마라. 그것은 그들이 당신을 사랑하지 않거나 더 이상 당신 주위에 없다는 의미가 아니다. 어떤 반려동물은 우리의 관심을 끌려고 하는 다른 반려동물보다 더 완강한 편일 뿐이다. 나는 자신의 존재에 대한 많은 신호를 보내는 반려동물과 그렇지 않은 반려동물을 키웠다. 내가 그들과 함께 확인했을 때 그들은 그것이 단지 성격이나 개인 스타일의 문제이지 사랑의 부족 때문이 아니라고 말한다.

최근에 죽은 그레이트 데인 종인 '쿠퍼'가 어느 날 세션 중에 그림 하나와 시끄럽게 두드리는 소리에 대해 말했다. 그의 엄마 테리는 그 메시지가 무엇을 뜻하는지 확신할 수 없었다. 그래서 좀 생각해 보겠다고 말했다. 세션이 끝난 뒤, 그녀는 쿠퍼의 초상화를 집 안 어디에 걸어야 할

쿠퍼

지 몰라 벽에 기대어 세워 놓았는데, 갑자기 그림이 바닥에 넘어지며 부딪쳐서 큰 소리를 냈다고 했다. 쿠퍼는 자기가 여전히 엄마 주변에 있다는 것을 알리고, 그 그림이 좋다고 인정했다.

또한 쿠퍼는 테리를 방문할 때마다 정확히 11센트라는 매우 특별한 명함을 남겼다. 쿠퍼는 5월 11일에 무지개다리를 건너갔는데, 그때부터 테리는 가는 곳마다 11센트를 발견했다. 5센트짜리 동전 2개와 1페니(센트)가 아니라, 항상 10센트짜리 동전 1개와 와 1페니(1센트)였다. 그녀는 엘리베이터, 차도, 진료실에서 11센트를 우연히 발견했다. 그것이 바로 "안녕, 엄마! 나 여기 있어!"라고 말하는 쿠퍼의 방식이었다.

동물은 우리의 감정을 느낄 수 있다

인간이 반려동물의 죽음으로 인한 이별에 힘들어 할 때, 우리의 반려동물들은 이 세상에 있었을 때와 마찬가지로 인간의 감정을 느낄 수 있다. 당신이 감정을 극복하는 것은 세상을 떠난 당신의 반려동물에게 긍정적인 영향을 줄 수 있다. 당신이 슬픔을 존중할 때, 그것은 당신을 치유로 나아가게 하고, 그들은 차례로 그 치유의 혜택을 받는다.

반려동물과 사별하게 되면 감정이 격렬해질 수도 있다. 이 슬픔의 시간에 슬퍼하고 슬픔에 압도되는 것은 괜찮다. 이런한 감정이 반려동물에게 해를 끼치거나 영적 여행을 방해하지 않는다. 당신의 반려동물은 당신을 사랑하고 당신이 가능한 한 빨리 치유되기를 바란다.

사랑하는 반려동물 없이 사는 법을 배우면서 감정과 씨름하게 될 수도 있다. 자신에게 인내심을 가져라. 애도 과정을 마무리하는 데 며칠, 몇 주 또는 몇 달이 걸릴 수 있다. 애도 기간의 기준은 정해진 것이 없다.

나는 슬플 때, 나를 행복하게 하는 작은 일들을 하는 것을 좋아한다. 새로 꺾은 꽃을 꽃병에 꽂느라 돈을 물 쓰듯 쓰고, 좋아하는 음악을 듣거나 숲속을 산책하기도 한다.

시간이 되면 당신의 몸과 마음과 영혼이 앞으로 나아갈 준비가 될 것이다. 당신의 반려동물은 당신이 치유의 장소로 가는 것을 보고 매우 기뻐할 것이다. 슬픔과 치유 과정에 대한 자세한 내용은 다음 장에서 공유하겠다.

13
사후 세계에 시간은 존재하지 않는다

사랑은 당신이 무덤이라고 부르는 것을 훨씬 뛰어넘는다.
— 에드가 케이시(Edgar Cayce)

고양이 '미스터리'

반려고양이 '미스터리'가 저세상으로 건너간 뒤 캐롤은 자신이 미스터리와 함께 있는지 그리고 고양이가 어떻게 지내는지 확인하기 위해 연락해 왔다. 미스터리는 엄마 캐롤의 세션에 매우 흥분했고, 캐롤이 참석할 때까지 기다릴 수 없어서 약속 시간 2시간 전에 나타나 장난스럽게 내 책상 위를 발로 쓸었다. 나는 미스터리에게 나중에 다시 오라고, 내가 생각할 수 있는 모든 것으로 설득했지만 아랑곳하지 않았다. 열정이 넘치는 고양이는 자신의 차례를 기다리며 다른 두 개의 세션을 진행하는 내내 앉아 있었다. 당신이 TV를 시청하려고 하는 동안 벌써 TV 앞에 서 있는 남동생이나 여동생이 있었다면 공감할 것이다.

선형 시간은 존재하지 않는다

죽은 사람의 영혼은 세션을 시작하는 것을 불안해한다. 어느 날 아침, 6시 30분쯤 일어나 커피를 끓이고는 방을 지나쳐 가다가 안락의자에 앉아 있는 노인을 보고 걸음을 멈췄다. 집에는 나뿐이었으니 얼마나 놀랐을지 짐작이 갈 것이다. 그는 전신이 다 보였다. 나는 잠시 그 자리에 서서 눈을 깜박이며 산탄총을 잡아야 하는지 결정하려고 애썼다. 그러다가 그가 유령이라는 것을 깨달았다. 왜냐하면 그가 반투명하게 비쳐 보였기 때문이었다.

"누구시죠?"

"로버트. 나는 경기를 보고 있는 중이오."

그 말과 함께 로버트는 꺼져 있는 TV를 다시 보기 시작했다.

"음, 로버트, 당신은 너무 이른 시간에 왔어요. 나중에 다시 오세요."

그러나 그는 나를 완전히 무시하고 리모컨을 들고 TV에 대고 욕을 하기 시작했다. 내보내려고 몇 번을 더 시도했지만 그는 하루 종일 빈둥거렸다. 하루 종일 모든 고객에게 로버트라는 심술궂은 친척이 있는지 물었지만, 마지막 세션까지도 그를 아는 사람이 없었다.

"오, 그는 밥 삼촌이에요!"

오후 6시 고객 스티븐이 말했다.

"우리는 함께 야구를 보곤 했어요. 경기를 한 번도 놓친 적이 없죠. 삼촌은 실제로 화를 내며 TV에 대고 소리를 지르곤 했어요."

"오, 그랬군요. 알겠습니다."

나는 목소리가 크고 반갑지 않은 손님 때문에 지쳐 있었다. 일단 밥 삼촌은 자신의 메시지를 전달하자마자 허공으로 사라져 버렸다.

모든 세션마다 뭔가 새롭고 독특한 것이 나타나는데, 누가 나타날지 어떤 정보를 제공할 지 알 수 없다.

14
반대편에서 누가 내 반려동물을 맞이할 것인가?

인생에서 우리의 재능을 알아내는 것은
깨달음을 얻은 인간이 되기 위한 여정의 일부이다.
— 알리슨 드부아(Allison DuBois), 사이킥 영매

우리 대부분은 반려동물이 저세상으로 건너갈 때 누가 우리의 반려동물을 맞이할지 궁금해 한다. 먼저 떠나간 소중한 사람이 기다릴까? 어쩌면 다른 반려동물이 기다리고 있을 수도 있다. 어느 쪽이든, 우리는 동물들이 반대편으로 평화롭고 순조롭게 전환하기를 바란다.

이 세상을 떠나간 대부분의 반려동물은, 사람이든 동물이든 가족과 소중한 이들이 맞아 주었다고 내게 말했다. 어떤 경우는 천사나 영적 안내자가 맞이했으며, 그곳에는 항상 즐거운 축하 행사가 있다고도 했다.

린이라는 고객이 자신의 말 '페르시아'와 작별해야 했을 때, 나는 회색 암말의 에너지가 사무실을 통과하는 것을 보았다. 린은 그 회색 암말이 몇 년 전에 저세상으로 떠난 페르시아의 생모라고 말했다. 두 말의 영

혼이 함께하는 광경은 아름다웠다.

'넛메그'라는 이름의 앵무새는 돌아가신 할머니가 맞아 주었다고 했다. 안젤라는 넛메그를 맞이할 사람이 아무도 없을까 봐 걱정된다고 했다. 그래서 그녀는 돌아가신 할머니에게 넛메그를 위해 그곳에 있어 달라고 부탁했다. 비록 그들이 사는 동안에는 서로를 몰랐지만, 안젤라에 대한 그들의 사랑으로 넛메그와 그녀의 할머니는 저세상에서 함께하고 있다.

누가 길짐승이나 보호소 동물을 맞이하는가?

길짐승이 저세상으로 건너가면 항상 그들을 환영하는 영혼이 기다리고 있다. 보호소 동물이나 사랑하는 가정이 없는 사람들도 마찬가지다.

길짐승이나 보호소 동물들이 저세상으로 건너갈 때 천사, 영적 안내자 또는 다른 죽은 동물들이 이들을 첫 번째로 환영할 것이다. 내가 알기론, 사랑스러운 안내자 없이 우주를 떠다니는 동물은 없다.

마지막 날이 다가오면

너무 간단해 보이지만, 긍정적인 생각을 하면 반려동물의 마지막 날이 다가옴에 따라 상황이 조금 더 쉬워질 수 있다. 그들이 얼마나 사랑 받고 있으며 특별한지 말해 주거나, 그들과 함께한 추억 중에서 가장 좋아하는 추억에 대해 들려주라. 그들이 행복하고 건강하며 온전하다고 생각하라. 사람이나 동물을 막론하고, 이 세상을 먼저 떠나간 소중한 이들에게 이들을 맞아 줄 것을 부탁하라.

당신의 반려동물은 당신을 너무 사랑하기 때문에 가능한 한 오랫동안 당신과 함께 있고 싶어 할 것이다. 따라서 그들의 고통이나 불편함을 관리하는 데 적극적으로 대처해야 한다. 필요 이상으로 오래 붙들어 두려고 하지 마라. 그들이 평화롭게 몸에서 벗어날 수 있도록 사랑과 지지와 차분한 에너지를 충분히 제공하라.

우리의 소중한 이들이 반려동물이 죽었을 때 반갑게 맞아 줄 거라는 사실은 매우 위안이 되지만, 우리가 저세상으로 건너갈 때는 무슨 일이 생길까? 우리의 동물들이 그곳에서 우리를 반겨 줄까?

15
동물이 나를 반겨 줄까요?

**어떤 천국도 천국일 수 없다.
나의 고양이들이 그곳에서 나를 환영하기 전까지는.**
— 무명씨

두려워하지 마라. 당신의 반려동물들이 근처에 있을 것이다! 당신은 일생 동안 알았던 모든 동물들이 아름다운 초원에서 당신을 기다리고 있는 신비로운 장소인 무지개다리에 대해 들어 보았을 것이다.

무지개다리는 가상의 장소지만, 저세상과 유사한 점이 있다. 우리가 다음 세상으로 건너갈 때 우리의 반려동물은 확실히 우리를 기다리고 있으며, 우리가 도착하면 즐거운 축하 행사가 벌어진다.

동물들이 말하기를, 우리가 아직 이 세상에 있을 때도 저세상에 우리 영혼의 일부가 있다고 한다. 우리가 건너갈 때 우리는 마침내 그 작은 부분과 다시 연결되고, 우리는 다시 온전해지거나 에너지적으로 완전해진다. 그렇기 때문에 세상 떠나는 것을 '집으로 돌아가는 것'이라고 표현하는 것이다. 우리는 결국에는 우리가 창조되었던 곳으로 돌아간다. 우리의 창조주, 우리의 신성한 기원의 장소로 돌아간다.

피나

'피나'라는 이름의 죽은 고양이는 엄마 다이앤이 살아 있고 건강했음에도 불구하고, 엄마의 영혼이 저세상의 성에 있는 자신을 방문했다고 말했다. 피나는 나에게 아름다운 성을 보여 주고 꽃과 내부의 모든 화려한 장식을 설명했다. 다이앤은 자신이 믿을 수 없을 정도로 생생한 꿈을 꾸었고, 비슷한 성에 있는 피나를 방문하는 유체 이탈의 경험을 했다고 확인해 주었다.

세션이 끝난 뒤 피나는 다이앤의 욕실 거울에 응축된 이 마법 같은 만남의 장소 이미지를 남겼다. 다이앤이 거울 사진을 보내 주었는데 세션에서 피나가 보여 주었던 성과 비슷해서 사진을 보고 깜짝 놀랐다.

언젠가 우리 모두는 우리가 사랑했던 모든 동물들로 둘러싸인 신성한 근원지로, 다시 집으로 돌아가는 것이 어떤 것인지 정확히 알게 될 것이다.

16
사고가 발생했을 때

동물 친구들의 반발하지 않고 용서하는 본성은
우리에게 날마다 긍정적인 영적 교훈을 가르쳐 줄 수 있다.
— 에크하르트 톨레(Eckhart Tolle)

"내가 개를 죽였어요!"

흐느끼는 전화가 걸려 왔다. 말리나는 치와와 '프린세스'가 있는 걸 모르고 차 문을 닫아 버렸다. 작은 개는 끝내 살아나지 못하고 그녀의 팔에서 숨을 거두었다.

자신의 행동으로 인한 사고로 반려동물을 잃는 것만큼 치명적인 일은 없다. 죄책감은 견디기 어려우며, 삶을 바꿔서라도 다시는 그 고통을 느끼지 않고 싶어 한다. 불행한 사고로 반려동물을 잃은 뒤로 다시는 반려동물을 키우지 않을 거라고 말하는 고객들을 봐 왔다. 어떤 사람들은 오랫동안 자신을 벌하고, 수십 년간 죄책감을 짊어지기도 한다.

반려동물은 우리를 용서할까?

대부분 동물들은 더 행복한 기억에 대해 이야기하고 자신의 생명을 앗아간 사고에 대해서는 말하지 않는다. 그들은 종종 죽음의 순간에 자신에게 일어난 일을 기억하지 못한다. 그들은 대부분의 충격적인 사건에 대한 기억이 거의 또는 전혀 없는 것처럼 보인다.

이런 기억 상실은 충격적인 사건에 대해 사람이 경험하는 것과 비슷하다. 예를 들어, 심각한 사고를 겪은 사람들은 일반적으로 사고에 대한 기억이 없다고 말한다. 그들은 충돌 순간 직전에 무엇을 하고 있었는지 기억할 수 있지만 사건 자체는 기억하지 못한다.

동물들은 나에게, 자신들은 한순간에 여기에 있었다가 몸 밖으로 나왔다고 말했다. 그들은 나에게 자동차의 이미지, 포식자 또는 그들의 삶을 마감한 물건이 무엇이든 상관없이 보여 주지만 그것이 일어나고 있는 그대로를 보여 주지는 않는다. 그들의 경험은 그들이 겪었던 것에 대한 사람의 생각과 매우 다를 수 있다.

동물은 죽기를 원하지 않지만 우리보다는 훨씬 더 자신의 죽음을 잘 받아들인다. 그들은 나에게 "내 몸이 망가졌어." 또는 "나는 내 몸을 떠났다."고 말한다. 어떤 반려동물도, 자기의 사람이 죽였다고 말하지 않았다.

내가 프린세스와 대화했을 때, 그녀는 사고나 자동차 문과 관련된 어떤 것도 언급하지 않았다. 그녀의 에너지는 밝고 밝았으며, 우리와 많은 메시지를 자세히 공유했다. 그녀의 목숨을 앗아 간 끔찍한 사고는 기억의 일부가 아니었다.

트레이시는 죽은 고양이 '빅 보이'를 확인하기 위해 나에게 연락했다. 그녀는 실수로 빅 보이를 차로 들이받고는 망연자실했다. 빅 보이는 다리가 부러지는 사고에서 살아남았지만 합병증으로 사망하고 말았다.

세션 동안 빅 보이는 트레이시에 대한 사랑과, 그녀가 어떻게 자신의 기쁨이자 보물인지에 대해서만 이야기했다. 빅 보이는, 만일 자신이 살아남았다면 자신이 더 나쁜 결과를 감당해야 했을 것이라면서, 갑자기 절단된 다리 이미지를 보여 주었다. 나는 그것이 다리를 절단해야 한다는 뜻이라고 생각했다. 내가 본 것을 트레이시에게 전하자, 그녀는 눈물을 터뜨렸다. 나는 몰랐었는데, 트레이시는 끔찍한 자동차 사고를 당해서 몇 달 전에 다리를 절단했다고 했다. 빅 보이는 자신에게 일어난 일에 대해서는 신경쓰지 않았다. 대신, 그는 엄마의 심각한 부상에 대해 이야기함으로써 엄마에 대한 사랑과 관심을 보였다.

기억하라.
당신의 의도는 당신의 반려동물을 해치는 것이 아니었다. 그들은 사고가 발생하더라도, 당신이 그들에 대해 지니고 있는 사랑을 느낀다는 것을 알아두기 바란다.

반려동물을 다시 만날 날이 오면 그들의 사랑은 그 어느 때보다 강해져 있을 것이다. 당신의 털북숭이 아기들은 영원히 당신의 마음속에 있고, 당신의 영원한 영혼의 일부이다.

17
영적인 동물이 이야기를 할 때

동물에게 말을 건다면 동물도 당신에게 말을 하고 서로를 알게 될 것이다.
동물에게 말을 걸지 않는다면 당신은 동물에 대해 알 수 없을 것이고
당신이 모르는 것에 대해 두려워하게 될 것이다.
두려움은 파괴를 부른다.
— 댄 조지 추장(Chief Dan George)

나는 저세상으로 떠나간 동물들에게서 온갖 종류의 메시지를 들어 왔다. 때때로 그것은 우리가 듣고 싶지 않는 것이기도 하다. 이런 것이 각 세션을 흥미롭고 흥분되게 만들기도 한다. 반려동물이 무엇에 대해 이야기할지 당신은 결코 알지 못하기 때문이다.

몸무게가 90kg 나가는 마스티프 종 '잭'은 세상을 떠난 뒤 어느 날 엄마의 건강이 걱정되어 세션 중에 엉뚱한 메시지를 보냈다.

"엄마에게 그것이 샘에 있다고 말해 주세요."

엄마 마릴린은 세션 당시 몸이 아팠다. 수많은 전문가와 상담했지만 병명을 제대로 알 수 없었다. 잭의 메시지를 듣고 확인해 보니 유방암이 림프절과 샘으로 퍼져 있었다.

다행히도 마릴린은 유방암을 제때 잡아냈다. 세상을 떠난 개가 보낸

메시지 덕에 수술과 화학요법을 받았고, 지금까지 건강하게 살고 있다.

넬리

'넬리'라는 이름의 죽은 개는 어느 날 세션에서 나에게 "울프맨 잭"이라고 말했다. 그녀의 엄마 다이앤과 아빠 존은 넬리가 누구를 말하는지 알아내는 데 시간이 좀 걸렸다.

약 한 달 뒤, 그들은 '울프맨 잭'이라는 별명을 가진 오랜 친구가 세상을 떠났다는 것을 알게 되었다. 그 친구는 개를 사랑했기 때문에 그와 넬리가 저세상에서 함께하고 있다는 것을 이해했다.

넬리

두비

'두비'라는 이름의 죽은 개와 세션을 준비하던 중에 갑자기 영구 마카펜의 냄새를 맡았다. 그의 아빠 프랭크가 약속을 잡으려고 전화를 걸어 왔을 때 나는 그에게 마카펜을 사용했는지 물었다. 그는 세션 직전에 검은색 마카펜으로 글씨를 썼다고 말했다. 통화하는 동안 그 마카펜은 그의 바로 앞에 놓여 있었다.

두비가 아빠와 함께 방 안에 있다는 증거가 충분하지 않다면서 다시 나에게 천사 조각상의 이미지를 보여 주었다. 프랭크는 그 순간 두비의 사진 옆에 있던 천사 조각상을 보고 있었음을 확인해 주었다.

두비

레이디

'레이디'라는 이름의 죽은 개가 세션 중에 "별명과 poop(똥)"에 대해 이야기하라고 했다. 알고 보니 레이디의 별명은 '푸팔리나(Poop-a-lina)'였다. 그녀가 나를 위해 불러 준 아기 Poop-a-lina 노래도 있었다.

며칠 동안 그 노래가 머릿속을 계속 맴돌았다.

루비

최근에 죽은 말 '루비'는 사람 아빠 토마스와의 세션에서 "록스와 선물"이라고 말했다. 또한 '10월이 의미 있을 것'이라는 말도 했다. 토마스와 나는 그 당시에는 메시지가 무엇을 의미하는지 전혀 몰랐다.

토마스는 루비를 잃고 나서 다른 말을 구할 생각이 없었지만, 루비를 잃은 지 약 1년이 지나자 지역 말 사육업자를 방문해야 한다는 느낌을 강하게 받았다. 그들이 '록시의 선물'이라는 이름의 암말을 보여 주었을 때 어안이 벙벙해졌다. 그 일은 10월에 일어났다.

앨버트

죽은 말 '앨버트'는 엄마 멜리사를 돌보는 것을 좋아했다. 세션을 진행하는 동안 앨버트는 큰 홍수에 대해 내게 말했고, 나는 완전히 엉망이 된 집을 보았다. 멜리사는 집 안에 설치된 파이프가 파손되어 지하실이 침수된 것을 확인했다.

저니

'저니'라는 이름의 죽은 고양이는 크게 들리는 '삐―' 소리에 대해 계속 얘기했다. 저니의 아빠 에릭은 배터리를 교체했는데도 연기 감지기가 아무 이유 없이 꺼지고 있다고 했다. 저니는 자신이 방문하고 있다는 사실을 아빠에게 알리기 위해 연기 감지기를 갖고 장난쳤다고 인정했다.

저니

키바

매우 친한 고객 숀이 죽은 고양이 '키바'와 연결하기 위해 내게 연락해 왔다. 이 특별한 고양이는 몇 년간 직업이나 관계 등 가족과 관련 있는 메시지를 정확하고 상세하게 전달해 온 터였다. 한 세션에서, 키바는 아기와 관련된 예상치 못한 소식을 전했다. 숀은 아이를 낳을 사람이 아무도 없다고 말했고, 우리는 세션을 마쳤다. 한 달 전쯤, 숀의 아내가 전문의에게 불임 판정을 받았기 때문이다.

그 뒤 숀 부부에게서 아기 모건이 태어난 것은 참으로 놀라운 일이었다. 죽은 고양이 키바가 1년 전에 그것에 대해 알았다는 것을 누가 상상할 수 있었을까.

저세상으로 떠나간 우리의 반려동물은 이처럼 재미있거나 다사다난한 순간을 공유하는 것을 좋아한다. 그것은 그들이 항상 당신을 사랑하고, 반대편에서 당신을 지켜볼 것임을 알려주는 그들만의 방법이다.

18
목격자로서의 동물들

오만함에 빠져 있는 우리가 그냥 인간다운 것이라고 생각하곤 했던 것들을
동물들도 하고 있다는 것을 발견한다.

— 제인 구달(Jane Goodall)

내가 경찰일 때, 나는 동물들이 살아 있는 동안 목격한 범죄에 대한 정확한 세부 사항을 공유할 수 있다는 것을 알게 되었다. 그러나 죽은 반려동물이 살인 사건을 해결하기 위해 저세상에서 충분한 정보를 공유할 수 있을까?

1980년대 초, 센트럴파크에서 한 젊은 여성의 시신이 발견되었다. 유력한 용의자가 있었지만 경찰은 체포에 필요한 DNA 증거는 확보하지 못했다. 경찰 심문에서 유력한 용의자는 여성이 실종된 날 반려견과 함께 센트럴파크에 있었다고는 시인했다. 나는 그 이후로 저세상으로 간 그의 개의 사진을 얻었고 그 개에게 그 운명의 날에 무슨 일이 있었는지 물어보았다.

개는 자기 아빠가 젊은 여성을 공격하고 죽인 것을 확인해 주었다. 그 개는 내게 대중에게 공개된 적이 없는 시신이 놓인 모양에 대한 구체

적인 세부 사항과 희생자의 복장 이미지를 보여 줄 수 있었다.

또 다른 사건에서는 브라이언이라는 남자가 두 고양이와 함께 살았던 집에서 납치되었다. 그 사건은 당국이 그의 시신을 찾지 못하자 미제 사건으로 남게 되었다.

그의 고양이 가운데 한 마리는 세션 중에 특정 세부 사항을 공유할 수 있었고 나에게 이니셜 ARJ를 주었다. 이 사건의 주요 용의자는 Arnold Roberts Jr라는 사람이었다.

고양이들은 또한 아빠가 아파트에서 공격을 받은 날에 일어났던 일을 설명했는데, 남자 두 명이 사건에 연루되어 있다고 했으며, 1515와 TWO SPOONS라는 암호 같은 메시지도 남겼다.

몇 년 뒤 브라이언의 시신이 발견될 때까지 아무도 그 메시지를 이해하지 못했다. 외딴 지역의 밭을 갈던 농부가 나중에 브라이언으로 밝혀진 사람의 유해를 발견했다. 그 농장의 위치가 1515 Two Spoons 도로였다.

나는 저세상으로 떠난 반려동물들이 정확히 무슨 일이 있었는지 말할 수 있다는 것을 알기에 상당히 많은 미제 사건 해결에 참여했다. 동물들은 숨은 의도나 숨은 동기가 없기 때문에 편견 없이 진실한 방식으로 정보를 공유한다. 당국이 체포하지 못하더라도 그들의 상세한 정보는 해답, 사건의 종결 그리고 수많은 희생자와 그들의 가족들에게 마음의 평화를 제공했다.

19
오, 저 고양이들!

이 세상에서 고양이를 어떻게 대하느냐에 따라 천국에서 우리의 지위가 결정된다.
— 로버트 A. 하인라인(Robert A. Heinlein)

가장 똑똑한 동물은 누구인가?

나는 종종 어떤 종류의 동물이 가장 지능이 높으냐는 질문을 받는다. 가장 똑똑한 동물이 돌고래, 영장류 또는 돼지라고 생각할 수도 있지만 내 생각은 바로 고양이에게로 귀착된다.

물론 다른 종들도 대단히 지능적이다. 나는 대부분의 세션을 고양이, 개, 말과 함께 진행하는데, 어떤 동물이 나를 바보로 만들려고 든다면 그것은 바로 고양이일 것이다.

내가 확인했을 때, 늙고 병든 고양이 '벤지'는 천국의 문 앞에 있었다. 그의 엄마 로니는 벤지가 저세상으로 건너갈 준비가 되었는지 알아보기 위해 내게 연락해 왔다. 내가 확인했을 때, 나는 그의 몸이 닫히고 있는 것을 느낄 수 있었다. 나는 로니에게 벤지가 저세상으로 건너가기까지 그리 오래 걸리지는 않을 것이라고 말했다. 아마도 며칠 안에 그렇게 될 것이라고 했다.

음, 누가 우리 세션 후에 다시 돌아왔는지 맞혀 보라. 벤지는 힘을 되찾았고 몇 달을 더 살았다. 내가 엄청 바보처럼 느껴졌다. 빌어먹을 고양이들. 그들은 내가 틀렸다는 것을 증명하는 것을 엄청 좋아한다!

그런 일이 일어날 때 나는 화를 많이 낼 수도 없다. 한 세션 동안 나는 동물들을 엄청 많은 사랑의 에너지로 감싸는데, 이렇게 함으로써 세션이 끝난 뒤에도 동물들이 오랫동안 기분이 좋아질 수 있게 만들 수 있다.

'더들리'라는 이름의 10살짜리 고양이는 며칠 동안 구토한 뒤 배탈이 났다고 말했다. 그는 나에게 다른 건강 문제에 대한 어떠한 징후도 주지 않았고 나는 그의 엄마 줄리에게 그가 곧 회복할 것이라고 말했다. 며칠 만에 그는 공격적인 형태의 폐암으로 갑자기 죽었다. 나중에 내가 확인했을 때, 그는 단지 갈 때가 되었고, 사람 엄마나 의사가 자신을 위해 해 줄 수 있는 것은 아무것도 없었다고 말했다.

일이 잘못될 때가 있다. 나는 인간이기 때문에 실수를 하곤 한다. 나는 그러한 경험을 통해 배우려고 노력했고, 노력을 해도 나는 완벽과는 거리가 멀며, 확실한 정보를 얻을 권리가 있지는 않다는 것을 깨닫게 되었다.

20
프라이버시 커튼

때로는 가장 진화된 영혼이 가장 도전적인 길을 택한다.
― 브라이언 웨이스 박사(Dr. Brian Weiss, M.D.)

하나의 세션 동안에 자세한 정보가 올 수 있지만 특정 메시지가 차단되는 경우도 있다. 우리 모두는 사생활을 보호하는 커튼을 가지고 있으며 내가 알 자격이 없는 어떤 것이 있다.

걱정하지 마라. 죽은 반려동물들은 은행 계좌 번호나 비밀번호를 공개하지는 않는다. 당신의 아이디나 사물함 라커 비밀번호도 알려주지 않는다. 젠장, 나는 내가 셀 수 있는 것보다 더 많이 로또 당첨번호를 물어봤었다.

특정 정보가 들어오는 것을 막는 것은 우리의 직관을 발전시키고 본능을 신뢰하는 법을 배우는 데 도움이 된다. 우리가 우리 문제에 대한 모든 답을 얻는다면 그것은 부정행위가 될 것이며, 우리는 이른바 인생이라고 하는 것에서 배우는 것이 없을 것이다.

당신의 사적인 순간들도 보호 커튼 뒤에 안전하게 보호된다. 평생 동안 당신을 보아 온 반려동물들은 당신 입장을 곤란하게 만들 위치에 있다고 볼 수 있지만 고맙게도 그 이미지를 나와 공유하지 않는다.

내가 받은 가장 외설스러운 메시지는 '제제벨'이라는 고양이에게서 온 것이었다. 그녀는 "엄마는 핑크색 브래지어를 갖고 있어요!"라고 불쑥 말했다. 그리고 확실히 일레인은 분홍색 브래지어를 방금 샀다고 말했다.

브래지어나 일레인이 그것을 착용하는 것은 말만 들었을 뿐 보지는 못했다.

고양이에게 맡기시라. 고양이들은 무엇이든 놓치는 법이 없다. 그러니 걱정하지 마시라. 당신은 당신을 둘러싸고 있는 사생활 보호 커튼이 있고, 당신의 사생활에서 일어나는 일은 사생활로 남는다.

이 이야기를 읽으면서 죽은 반려동물이 저세상에서 우리와 어떻게 연결되어 있는지 더 잘 이해하기를 바란다. 이 책의 다음 부분에서는 안락사와 동물이 육체적으로 죽을 때 경험하는 것과 같은 더 심각한 주제를 탐구할 것이다.

나는 또한 애도의 과정을 자세히 살펴보고 고통을 통해 치유로 나아가기 위해 취할 수 있는 단계를 공유할 것이다.

이것들은 논의하기 어려운 주제일 수 있지만, 동물의 관점을 들으면서 완전히 새로운 관점에서 동물의 경험을 이해할 수 있기를 바란다.

Part III

21
죽음이 다가옴에 따라

내 몸이 망가졌을 때 내가 떠나도록 도와준 당신을 나는 결코 판단하지 않을 것이다.
그것은 사랑의 궁극적인 선물이다.
– 반대편에서 전달된 신의 계시, 캐런 앤더슨

반려동물이 건너는 시간을 선택할까?

당신의 반려동물은 당신에게 자신의 인생이 끝날 때까지 자신의 삶을 관리하도록 위임했다. 그 시간이 다가오면 당신의 감정 때문에 판단력이 흐려지고 그들의 시간이 끝나는 시점을 결정하기가 훨씬 더 어려워질 수 있다.

이 세상을 떠나간 많은 반려동물들은 건너가는 시간을 자기가 선택했다고 내게 말했다. 그들은 특히 그들의 사람 가족이 자기 곁을 떠날 때까지 기다렸다. 반려동물을 키우는 부모는 휴가나 출장에서 돌아와 소중한 반려동물이 죽었다는 사실을 알게 되면 대개 충격을 받고 당황한다.

그들은 죄책감에 압도되거나 사랑하는 반려동물을 실망시켰다고 느낄 수 있다. 동물이 느끼는 감정이 반드시 그런 것은 아니다. 어떤 반려동물들은 마지막 시간이 가까워지면 실제로 길을 잃고 방황하고 집에서 떨어진 조용한 장소를 찾기도 한다.

오스트레일리안 캐틀독 '코다'

나의 소중한 친구 칼라와 브래드는 잠에서 깨어났을 때 소중한 아들 '코다'가 조용히 잠들어 있는 것을 발견했다. 나는 내 책 『모든 생명체의 소리를 들어 보라!』에서 코다의 이야기를 공유한 바 있다. 처음 코다와 세션을 진행했던 때는 2005년이었다. 코다는 잘생긴 12살짜리 오스트레일리안 캐틀독으로서, 칼라의 영적 안내자였다. 코다는 자신에게 요구되는 모든 작업을 수행했으며, 실제 단어와 문장을 이해했다. 그가 갑작스러운 심장마비로 무지개다리를 건너가자, 칼라와 브래드는 절망에 빠졌고, 소중한 아들의 소식을 듣고 싶어 했다. 코다가 자는 동안 죽었기 때문에 작별 인사를 하지 못했다고 여겼다.

코다는 엄마와 아빠에 대한 사랑과 즐거움으로 어느 때보다 행복했던 그때가 바로 떠날 적기였다고 말했다. 자신의 몸에서의 빠져나오는 전환은 비단처럼 매끄러웠다고 했다. 지금은 그해 초에 무지개다리를 건너 온, '몬티'와 '파이퍼'라는 두 마리의 개와 함께 있다고 한다.

세션을 마칠 무렵 칼라가 코다에게 브래드에게 보낼 메시지가 있는지 물었다. 코다는 "부릉부릉!"이라고 답했다.

"부릉부릉이라고 하는데 그게 무슨 뜻이죠?"

내 물음에 칼라와 브래드는 기뻐했고, 그것이 의미하는 바를 정확히 알고 있었다. 그들이 "코다, 차는 뭐라고 말하지?" 하고 물을 때마다 "부릉부릉"이라고 대답했다고 한다.

분명히 코다는 그때 자신의 몸을 떠날 준비가 되어 있었고, 지금 잘 지내고 있다. 칼라와 브래드는 코다를 가장 좋아하는 나무 아래에 묻은 뒤 아름다운 장례식을 치렀다.

반려동물이 우리를 떠나는 모든 방법 중에서 잠자는 동안 조용히 건너가는 것이 가장 좋다. 스트레스가 많은 수의사를 방문하거나 의사가 도착하기를 기다릴 필요가 없다. 나는 자다가 조용히 죽은 반려동물을 본 적이 없다. 나는 항상 그들이 저세상으로 건너가는 것을 도와야 했다. 여기 농장에는 여전히 꽤 많은 동물이 있다. 아마도 언젠가는 그런 일이 일어날 것이다.

나는 종종 아프거나 나이 든 고양이나 개가 전에 마당을 떠난 적이 없는데도 사라지는 이야기를 듣는다. 반려동물을 키우는 부모는 사랑하는 동물에게 무슨 일이 일어났는지 궁금해 하며 어떻게든 동물에게 실망감을 주었다고 생각한다.

반려동물이 저세상으로 건너갈 때 무슨 일이 일어났는지 알면, 잃어버린 반려동물에 대한 평화와 수용의 느낌을 받을 수 있다.

반려동물은 떠날 준비를 할 때 거리를 둔다

종종 우리는, 동물들이 죽어 가는 순간에 함께 있어 주지 않는다면 그들이 저세상에서 길을 잃을까 두려워한다. 어떤 반려동물은 죽을 때에 우리와 함께 있기를 원하고, 어떤 동물은 혼자 죽는 것을 선호한다. 반려동물이 마지막 순간에 무엇을 원하는지 확인하고 또 확인하는 것이 가장 좋다.

반려동물이 당신과 거리를 두면서 이상하게 행동하는 것을 볼 수 있다. 이것은 그들이 건너갈 준비를 하고 있다는 표시일 수 있다.

어떤 반려동물은 몸이 느려지기 시작할 때 취약함을 느낀다. 그들은 집안에 거주하는 다른 동물이 약해진 상태의 자신을 보는 것을 원하지 않는다. 그들이 쉬고 대피할 조용하고 고요한 장소를 찾도록 허용하는 것이 좋다.

야생에서 동물은 마지막 날이 되었을 때 무리와 거리를 두는 경우가 많다. 본능이 그렇게 하도록 한다. 약하거나 아프거나 부상 당한 동물은 포식자를 유인하여 나머지 무리나 무리를 위험에 빠뜨릴 수 있다. 일부 동물은 나머지 그룹에 위험을 초래하기 때문에 쫓겨날 것이다.

그들은 스스로 떠나고 곧 질병, 부상 또는 포식에 굴복한다. 나머지 무리를 안전하게 유지하는 것은 생존 본능이다.

동물의 본성은 마지막 순간을 위해 조용한 장소를 찾는 것이다.

죽어 가는 사람들 주위에 모여 맴돌며 그들의 모든 필요를 돌봐야 한다는 것은 인간의 개념이다. 반려동물이 혼자 있는 것을 선호하는 것이 당신에 대한 개인적인 표현이나 반려동물이 당신을 사랑하지 않는다는 표시가 아님을 기억하라. 그것은 그냥 동물의 본성이다. 그들은 단지 그들의 강한 본능을 따르고 대자연이 의도한 대로 행동할 뿐이다.

반려동물이 이 지구를 떠날 준비를 하는 동안 당신의 반려동물이 존엄성을 유지하도록 하라.

반려동물이 떠날 준비를 돕는 방법

마지막 날이 되면 당신의 반려동물을 최대한 편안하게 하라. 그들이 필요로 하는 것을 알아내기 위해 그들의 신체 언어와 신체적 단서를 관찰하라. 당신이 그들을 얼마나 사랑하고 함께 나눈 삶에 대해 얼마나 감사한지 큰 소리로 말하라.

  반려동물이 저세상으로 건너갈 준비를 하는 데 도움이 되는 정보
  - 강렬한 감정은 반려동물의 마지막 순간을 더 어렵게 만들 수 있으므로 정서적으로 침착함을 유지하라.
  - 소음, 다른 동물과 어린아이들에게서 분리하여 고요함을 유지하라.
  - 애정을 가지고 맴돌거나 과도하게 자극하지 마라.
  - 그들이 원한다면 격리해 준다.
  - 사랑스러운 생각과 행복한 추억을 생각하라.

- 그들이 저세상으로 건너갈 때 그들을 맞아 줄 저세상에 있는 소중한 이들을 초대하라.
- 그들이 작동이 안 되는 몸에서 풀려나는 것을 마음속에 그려 보라.
- 그들이 따뜻함, 위안, 사랑으로 가득 찬 아름다운 곳으로 가는 것을 상상해 보라.
- 그들에게 최근에 당신이 사용했던 담요, 수건 또는 셔츠를 제공해서 당신의 체취와 함께하도록 하라. 동물병원에 있다면 특히 더.
- 부드럽게 말하고 부드러운 목소리를 사용하여 당신의 속에서 평화를 찾고 그들을 놓아 보내라.
- 당신이 그들을 너무 그리워할 것이라고 말하지만 그들이 떠날 시간이라는 것을 이해한다고 말하라.

반려동물의 수명이 다 되었다고 생각되면 반려동물이 필요로 하는 것을 존중하기 위해 최선을 다하라. 당신의 고요하고 애정 어린 에너지는 그들이 자신의 몸에서 부드럽게 전환하는 데 도움이 될 것이다.

22
안락사, 불가능한 결정

네가 마지막 숨을 내쉬던 날은 나의 세상이 어두워진 날이었다.
— 린다 첼델린 펠(Lynda Cheldelin Fell) †

반려동물의 마지막 날이 도래하면 '안락사'라는 어려운 결정이 먹구름처럼 머리 위로 떠오른다. 이 불가능한 결정에 직면한 사람은 이 시간이 얼마나 어렵고 혼란스러운지 안다.

마지막 날은 감정의 롤러코스터를 타는 것처럼 고통스럽다. 상황이 개선되는 것처럼 보이는 좋은 날도 있고, 반려동물의 생명을 유지시키려는 자신의 이기심에 의문을 제기하는 나쁜 날도 있다.

때로는 동물들이 기적적으로 회복되어 다시 원래대로 행동하기 시작하는데, 치유의 기로에 섰다고 생각하는 바로 그 순간 피할 수 없는 일이 일어나고, 그들의 상태는 악화된다.

이것은 대개 늦은 밤, 주말 또는 휴일인 가장 적당하지 않은 시간에 일어난다. 당신의 반려동물의 날이 다하는 데 좋은 시간은 없다. 그것은

---

† 국제 슬픔 연구소 창설 파트너, 베스트셀러 작가.

우리 가운데 누구도 하고 싶지 않은 결정, 사랑하는 반려동물의 삶을 끝내는 불가능한 결정으로 우리를 이끈다.

그들의 삶을 끝내게 하는 것이 옳은가?

우리는 결국 작별을 고해야 하는 날이 올 것을 안다. 우리 가운데 많은 사람들은 반려동물이 잠자는 동안 평화롭게 죽고, 이 상상할 수 없는 행위를 겪지 않게 되기를 바란다. 우리는 그들을 돌보며 평생을 보내고, 마지막엔 그들의 삶을 마무리 짓는 일을 하고 싶어 한다.

어떤 사람은 인위적으로 동물의 생명을 빼앗는 것은 옳지 않다고 말한다. 또 어떤 이는 우리가 동물들의 고통을 인도적으로 끝낼 수 있는데도 그들의 고통을 방치하는 것은 잔인하다고 여긴다. 우리의 의견과 상관없이, 반려동물에 대한 우리의 사랑은 보편적이며 공통된 유대로 남아 있다. 우리가 반려동물에 대해 느끼는 사랑의 힘은 우리를 하나로 묶어 준다.

많은 고객들이 반려동물이 아프다는 사실을 전혀 몰랐으며, 괜찮았는데 갑자기 위기에 처했다고 말한다. 그것이 당신의 처음 생각일 수 있지만, 일단 동물들의 행동을 되돌아보면 우리가 무시하거나 간과한, 명백한 징후가 종종 있다.

이상행동 무시하기

그것은 많은 사람들에게 일어나며, 나 또한 예외가 아니다. 나는 반려동물의 이상행동이나 문제를 무시하고, 심각하지 않다고 생각했다. 그리고 그 반려동물이 죽었을 때, 나는 그 죄책감을 짊어졌다. 반려동물과 의사소통이 가능하기 때문에 나는 편하게 할 수 있다고 생각할 수도 있지만 항상 그런 것은 아니다. 어떻게 지내고 있는지 물어보고 고통의 정도를 판단할 수는 있지만 여전히 상식을 활용하고 과거의 경험에서 배우고 있다.

몇 년에 걸쳐 나는 세부 사항과 미묘한 단서에 주의를 기울이는 법을 배웠고 알려진 건강 문제에 대해 최전선에 있기 위해 최선을 다한다. 그것은 여전히 실패할 염려가 있으며 상황은 여전히 나를 용케 속이기도 하지만 더 이상 이상한 행동을 무시하지는 않는다.

안락사는 스트레스를 덜 받을까?

어떤 사람들은 반려동물이 스스로 죽게 내버려둬야 한다고 생각한다. 우리가 상황을 몰랐다면 야생에서는 그런 일이 일어났을 것이다. 그것이 사실일 수도 있지만, 자신의 의지대로 죽은 반려동물들은 종종 나에게 그것이 투쟁이었고, 상당한 수준의 고통이 있었고, 죽기 전에 고통을 겪었다고 말했다.

그렇기 때문에 나는 가능하다면 안락사를 옹호한다. 동물들이 안락사를 당했을 때 정서적·육체적 외상이 훨씬 적다고 한다. 침착함을 유지함으로써 반려동물이 마지막 순간을 보다 평화롭게 죽을 수 있도록 도울 수 있다. 궁극적으로 반려동물을 안락사시킬지 여부를 결정하는 것은 개인의 선택이며, 마음 가는 대로 해야 한다. 당신이 어떻게 결정하든, 반려동물의 죽음과 관련해서는 죄책감이 많이 남는다.

안락사 시기는 언제가 적합한가?

우리 중 일부는 값비싼 절차에 비용을 지불하는 대신 반려동물을 안락사시키기로 선택한 데 대해 죄책감을 느낀다. 우리는 안락사를 결정하는 데 어려움을 겪으며, 반려동물이 우리에게 화를 내는 건 아닌지, 아니면 목숨을 앗아 간 우리를 용서해 줄 것인지 궁금해 한다.

우리는 그들이 고통 받는 것을 걱정한다. 우리는 같은 질문을 계속해서 스스로에게 할 수 있다. 시기가 적절했을까? 내가 지나치게 오래 기다린 걸까? 혹시 그들의 삶을 너무 일찍 끝낸 건 아닐까?

실제 죽음의 순간에 대해서는 다음 장에서 이야기겠지만 이제 작별 인사를 해야 할 때를 아는 방법을 살펴보겠다.

당신만이 내릴 수 있는 개인적인 결정

반려동물을 안락사시킬 적절한 시기를 찾는 것은 당신과 수의사 그리고 반려동물 사이의 개인적인 결정이다. 안락사 시기는 따로 말하지 않겠지만 반려동물의 기분, 통증 또는 불편함 정도, 몸을 떠날 준비가 되었는지 판단하는 데 도움을 줄 수 있다.

어떤 동물들은 건강 문제에 대해 극도로 관대하며 잘 지내고 있다고 말한다. 어떤 동물들은 자신의 사람 가족에게 몸을 떠날 수 있도록 도와달라고 내게 간청했다. 당신은 누구보다 동물에 대해 잘 알고 있으므로 본능을 따르고 직관을 신뢰하는 것이 항상 가장 좋다.

여전히 무엇을 해야 할지 혼란스럽다면 감정에서 벗어나 반려동물에게 가장 좋은 것이 무엇인지 생각해 보라. 그들이 불필요한 고통을 견디지 않게 하려면 어떤 결정을 내리겠는가?

반려동물의 부모로서 반려동물을 대신하여 행동하고 반려동물에게 가장 좋은 것이 무엇인지에 따라 결정하라.

반려동물이 그 시점에 도달하기 전에 말기 질병이나 죽어 가는 과정에 대한 당신의 태도를 생각해 보라. 죽음을 끝이 아닌, 영적인 세계의 시작으로 생각해 보라.

23

죽음의 고통

작별 인사는 영원하지 않다. 작별 인사는 끝이 아니다.
작별 인사는 우리가 다시 만날 때까지 내가 당신을 그리워할 것이라는 의미이다!
— 무명씨

안락사 순간에 당신의 반려동물을 지켜보는 것은 바라보기 힘든 광경일 수 있다. 나는 그 일을 여러 번 해야 했고, 결코 더 쉬워지지 않았다. 주사액이 혈류에 들어갈 때 따가울 수 있으며, 반려동물이 불편함에 울 수도 있다. 일부 수의사는 반려동물의 안정을 위해 진정제를 투여하기도 하지만 이는 순환계를 느리게 할 수 있다. 치명적인 약물이 신체 조직을 통해 이동하는 시간이 더 오래 걸릴 수 있다.

동물들은 저세상으로 건너가기 전에 볼 수 있는 몸부림에 대해 거의 언급하지 않는다. 대부분의 경우 그 몸부림은 심장이 멈출 때의 자연스러운 반사작용이다. 동물들은 대부분 너무 기분이 들떠서 자신의 몸에서 빠져나온다. 당신이 목격하는 고통의 징후는 그들의 경험이 아니다.

반려동물을 안락사시켜야 하는 것에 대해 죄책감을 느낀다면 다음 몇 가지 사항을 고려해야 한다. 당신이 당신의 마음속 사랑의 장소에서 왔을 때, 당신의 의도가 당신의 반려동물을 위해 옳은 일을 하는 것일 때, 그들은 이것을 감지하고 당신에게 책임을 묻지 않는다.

다음의 시나리오에 대해 잠시 생각해 보라. 반려동물의 일상은 당신이 그들을 돌보기 시작하고 온 마음을 다해 사랑하는 것이다. 당신은 그들에게 먹이를 주고, 약을 먹이고, 아마도 반려동물들의 필요에 맞게 당신의 일정을 바꾸었을 것이다.

당신의 반려동물은 당신의 사랑이 얼마나 깊은지 알고 있으며, 그들이 몸을 떠날 수 있도록 당신이 도울 때 당신이 최선의 의도를 가지고 있음을 감지한다.

매일 동물에게 고통과 불행을 안겨 준다면 완전히 다른 이야기가 될 것이다. 당신의 의도가 그들에게 해를 입히는 것이라면 동물들은 그것을 감지한다. 이것은 그런 경우가 아니므로 당신의 좋은 의도가 반려동물에게 크고 명확하게 전달된다는 것을 알고 긴장하지 않아도 된다.

다행히도 이 지구의 마지막 순간은 동물들에게 꼭 필요한 것은 아닌 것 같다. 죽음에 임박한 순간에 대해 '아주 신나는 것'이라고 하는 표현 말고 다른 표현은 찾아보기 어렵다.

반려동물의 마지막 순간을 돕기 위해 할 수 있는 가장 좋은 방법은 침착함을 유지하고 사랑스러운 생각으로 그들을 둘러싸는 것이다.

24
화장할 것인가 매장할 것인가

작별 인사를 너무 어렵게 만드는 무언가가 있다는 것이
얼마나 행운인지.
— 곰돌이 푸

우리의 반려동물들은 무엇을 원할까

동물의 유해를 어떻게 해야 할까? 죽은 동물을 화장한 뒤에 그 유골함을 거실 선반에 놓을 것인가? 동물병원에 맡겨서 공동묘지에 매장할까? 뒤뜰에 묻히거나 좋아하는 장소에 유골을 뿌리는 것은 어떨까? 이것은 논의하기 어려운 주제지만, 우리가 사랑하는 헌신적인 친구와 작별할 때 직면해야 하는 현실이다.

대부분의 결정은 스트레스가 많은 상황이나 동물이 중병에 걸렸을 때 내려진다. 나는 동물 박제에서 매장, 그리고 그 사이에 있는 모든 것에 이르기까지, 사람들이 동물의 유해로 무엇을 하는지에 대한 흥미로운 이야기를 많이 들었다. 동물들의 반응은 항상 통찰력 있고 새로운 관점을 제공한다.

트러플스

페리는 작별의 날이 왔을 때 자신의 소중한 요크셔테리어의 유해를 어떻게 할 것인지 이미 결정했다. 노령견 '트러플스'에게 물리적인 삶의 끝이 다가오면서 트러플스 없이 산다는 생각은 그녀를 압도했다. 그녀는

트러플스

사랑하는 반려견을 보지 않고는 앞으로의 삶에 대해 생각하는 것을 참을 수 없어 냉동 보존을 통해 트러플스를 보존하기로 했다. 이 동결 건조 보존 방법은 화장이나 매장에 대한 독특한 대안이다.

트러플스는 자신의 실제 같은 이미지에 흥분했고, 과정이 완료되었을 때 '매우 사랑 받고 매우 특별하다'고 느꼈다고 말했다.

"저게 나야!" 트러플스가 크게 미소 지으며 말했다.

결과는 놀라웠다. 페리는 분홍색 베개에 실물처럼 앉아 있는 사랑스러운 아이를 보고 마음의 평화를 얻었다. 이것은 확실히 대부분의 사람들이 동물의 유골로 결정하는 것 가운데 예외적인 일이지만 마음에 떠오르는 몇 가지 사례가 더 있다.

화장

빌과 안드레아가 죽은 고양이 '맥스'와 연결해 달라고 했을 때 맥스는 자신의 이름이 새겨진 나무 상자를 보여 주었다.

"여기 벽난로 옆에 나무 상자가 있어요."

그들은 맥스가 그것에 대해 알고 있다는 사실에 매우 기뻐했다.

"그의 유골이 우리 가까이에 있다는 사실은 우리 맘에 평화를 줍니다. 그것은 맥스가 여전히 여기, 항상 우리와 함께 있는 것처럼 느끼게 해 줘요."

멜리사는 죽은 두 고양이 '릴리'와 '페니'와 연결하는 세션을 예약했다. 내가 릴리의 에너지에 마음을 열었을 때, 릴리는 자신의 부드러운 검은 털을 계속 보여 주었다. "털에 대해 말해 줘요."라고 릴리가 말했다. 나는 릴리가 아주 부드러운 고양이일 거라 생각했고, 멜리사에게 그녀가 반대편에서 얼마나 활기찬 모습을 보이는지 보여 주고 싶었다.

페니와 연결했을 때, 페니는 "나는 그녀의 심장 바로 옆에 있어요."라고 말하며 발렌타인 하트 모양을 계속 보여 주었다.

멜리사는 고양이 한 마리가 죽은 뒤 고양이의 재와 털 일부를 하트 모양의 로켓에 넣어 목걸이에 걸어 매일 착용했다며, 그 메시지가 자신에게 얼마나 큰 의미가 있는지 설명했다. 두 고양이는 엄마가 로켓을 착용하면서 매일 자신들을 생각하는 것에 행복해 했다. 그들은 멜리사의 사랑을 느낄 수 있었고, 행복했다.

반려동물은 매장에 대해 어떻게 느낄까

대부분의 동물은 무지개다리를 건넌 뒤에 자신의 유해와 연결되어 있다고 느끼지 않는다. 그들은 대개 새로운 내세의 여정이 시작되는 것에 대해 매우 흥분한다. 자신의 유골에 무슨 일이 일어났는지 언급하는 반려동물은 거의 없다.

산드라는 출장을 떠나 있는 사이에 죽은 개 '새미'를 남편이 동물병원에 방치하다가 공동묘지에 버려서 큰 충격을 받았다. 새미가 죽은 뒤,

그녀는 새미가 내세에서 길을 찾지 못할까 봐 걱정했다. 그런데 새미가 그렇지 않다고 알려주었다. 새미는 자신의 몸에 일어난 일에 대해 조금도 걱정하지 않았다.

"나는 더 이상 거기에 있지 않아요."

새미는 수영장과 지붕이 있는 베란다가 있는 뒤뜰의 이미지를 보여주면서 말했다. "내가 여기 있다고 그녀에게 말해 주세요."

산드라는 새미가 살아 있을 때 집 뒤뜰에 있는 수영장의 뗏목 위에 앉아 떠 있는 것을 좋아했다고 말하며 매우 안도했다.

당신을 행복하게 하는 일을 하라

내가 소통하는 대부분의 반려동물은 사후에 자신들의 유골에 붙어 있지 않았다. 그들은 우리가 그들을 생각할 때 사랑하므로, 당신이 옳다고 생각하는 모든 것을 하라. 반려동물이 사라졌거나 시신이 없는 경우, 의식을 치르거나 기도를 하거나 촛불을 켜거나 사랑으로 기억하는 것으로 충분하다.

당신의 반려동물은 행복하고 건강하며 온전한 삶의 모습을 기억할 때 영광스럽고 특별하다고 느낄 것이다. 궁극적으로 그들은 당신을 행복하게 만드는 것이면 무엇이든 괜찮아 한다.

동물에게도 영혼이 있는가?

동물은 영혼이 없다거나 죽으면 집단의식에 들어가 개인의 특성을 유지하지 못한다는 이론을 들은 적이 있다. 나는 그것이 사실임을 발견하지 못했다.

    내가 연결하는 동물들 각각은 고유한 개성을 유지한다. 동물의 영혼이 반대편에서 진행됨에 따라, 그들은 집단의식으로의 이동을 선택할 수 있다. 이러한 유형의 영혼 그룹과 병합하는 것은 모두에게 활력을 주지만 여전히 사랑하는 사람들과 계속 연결되어 있다.

25
슬픔을 통한 여정

슬픔은 영혼의 최종 목적지가 아니다. 오히려 치유의 길로 들어서는 마음의 안식처다.
– 반대편에서 전달된 신의 계시, 캐런 앤더슨

사랑하는 반려동물의 죽음에 대처하는 것은 인생에서 가장 어려운 도전일 수 있다. 종종 통증이 압도적으로 느껴지기도 한다. 부정이나 충격 또는 분노에서부터 죄책감, 불신, 깊은 슬픔에 이르기까지 모든 종류의 예상치 못한 감정을 경험할 수 있다.

슬픔의 고통은 또한 신체적인 건강을 방해하여, 먹고, 자고, 명료하게 생각하는 것조차 어렵게 만든다. 이는 심각한 손실을 입었을 때 나타나는 일반적인 반응이다.

당신의 반려동물은 당신을 매우 사랑하기 때문에 당신이 가능한 한 빨리 치유되기를 바란다. 당신의 옆에서 당신이 슬픔의 단계를 통과하기를 성실하게 기다린다.

상실을 겪는 것이 어려운 만큼 고통에 대처하는 건강한 방법이 있다. 그러나 이러한 단계를 살펴보기 전에, 슬픔이 무엇인지 자세히 살펴볼 필요가 있다.

슬픔은 모든 종류의 중대한 상실에 대한 정상적이고 자연스러운 반응으로 정의된다. 직업이나 관계의 상실과 같은 다양한 원인이 있지만 반려동물이나 사랑하는 사람의 상실은 우리가 경험하는 가장 큰 상실 가운데 하나다.

슬픔이 아닌 것

슬픔은 병이나 질환이 아니다. 병적 상태나 인격 장애가 아니다. 슬픔은 우울증이 아니며, 슬픔으로 인해 우울증이 생길 수 있다. 그것은 나약함의 표시나 가난한 성격의 반영이 아니다. 큰 상실감에서 회복하기란 그리 쉽지 않다.

슬픔의 일반적인 증상

상실은 다양한 방식으로 사람들에게 영향을 미치지만, 슬픔의 초기 단계에서 경험하는 거의 모든 것이 정상임을 명심하라.

충격, 불신, 슬픔, 분노, 죄책감은 슬픔의 가장 흔한 증상이다. 절망감이나 공허함 또는 극심한 외로움을 느낄 수도 있다. 또한 많이 울거나 감정적으로 불안정할 수 있다. 어떤 사람은 울지 못할 수도 있다. 울음은 슬픔에 대한 정상적인 반응이지만 유일한 형태는 아니다. 울지 않는 사람 또한 우는 사람만큼 고통을 깊이 느낄 수 있다. 그들은 단순히 그것을 보여 주는 다른 방법이 있을 수 있다.

신체적 증상

우리는 종종 슬픔을 엄밀한 감정적 과정으로 생각하지만, 슬픔에는 피로, 메스꺼움, 면역력 저하, 체중 감소 또는 체중 증가, 통증 및 불면증과 같은 신체적 문제가 수반되는 경우가 많다.

상심증후군

상실로 인한 극심한 육체적 고통을 경험하는 것은 깊은 사랑, 심한 스트레스의 표시이며, '상심증후군(傷心症候群)'으로 알려진 상태일 수 있다. 여성은 이 상태에 더 취약하며, 신체적 통증의 첫 징후가 나타나면 도움을 받아야 한다.

상심증후군에 대한 자세한 내용은 www.heart.org를 참조하라.

26
반려동물이 죽은 뒤에

사랑은 이별의 시간이 될 때까지 그 깊이를 알지 못한다.
— 칼릴 지브란((Kahlil Gibran)

많은 사람이 반려동물을 잃은 이에게 어떤 말을 해야 할지 고민한다. 반려동물을 잃은 누군가와 대화를 나누는 것은 쉬운 일이 아니다.

우리는 그들의 화를 돋우거나 불편하게 하고 싶지 않기 때문에 아무 말도 건네지 않을 때가 많다. 우리가 무언가를 말할 때, 잘못된 표현을 할 수도 있다.

누군가가 상실감으로 고통 받고 있을 때 하지 말아야 할 몇 가지 표현이 있다.

- 이제 그들은 더 나은 곳에 있다. 이것은 그들이 우리와 함께 끔찍한 장소에 있었음을 의미한다.
- 적어도 그들은 더 이상 아프지 않다. 이것은 우리가 그들이 고통 받게 두었음을 뜻한다.
- 당신은 언제든 다른 반려동물을 입양할 수 있다. 이것은 우리 반려

동물이 일회용임을 뜻한다. 우리는 다른 반려동물을 원하지 않는다. 우리는 우리의 반려동물을 원한다.
- **그것은 신의 계획의 일부이다.** 이것은 신의 계획이 우리에게 극도의 고통을 주는 것임을 뜻한다.
- **당신에겐 사랑할 다른 반려동물이 있다.** 나는 나의 다른 반려동물을 원하는 것이 아니다. 나는 이 반려동물을 원한다.
- **이제 삶을 영위할 시간이다.** 나는 나아갈 준비가 되지 않았다. 기분이 더 나빠졌다.
- **나는 당신이 그 반려동물을 얼마나 사랑했는지 안다.** 아니, 당신은 내가 이 반려동물을 얼마나 사랑했는지 모른다.
- **나는 당신이 어떻게 느끼는지 알고 있다.** 당신이 내 고통을 어떻게 느끼는지 나는 모른다.
- **그들은 당신과 함께 오랫동안 행복한 삶을 살았다. 당신은 그 삶에 대해 만족해야 한다.** 아니. 그들이 없어져서 정말 너무 슬프다. 오랜 세월 사랑한 반려동물을 잃는 것은 고통스러운 일이다.
- **반려동물이 많다면 이제 익숙해져야 한다.** 아니. 나는 결코 고통에 익숙해지지 못할 것이다. 그들이 떠나갈 때마다 새로운 느낌의 고통이 다가온다.

피해야 할 기타 언행

- 당신의 고통을 비교하지 마라. 예를 들어, "나도 고양이를 잃었어요. 그래서 당신의 기분을 알아요." "아니, 당신은 내가 어떻게 느끼는지 몰라요." 등등. 내 감정은 내 것이다.
- 다른 반려동물의 죽음에 관한 무시무시한 이야기를 하지 마라. 예를 들면, "내 여동생이 방금 자기 개를 차로 치었어. 끔찍했지."
- 그에게 "기운 내!"라고 하지 마라. 그럴 준비가 되지 않았을 수 있다.
- 그에게 괜찮은지 묻지 마라. 그들은 괜찮지 않다. 그들은 절망의 늪에 빠져 있다.

아는 사람이 반려동물을 잃었을 때 그들의 연약한 감정을 세심히 바라보기 위해 노력하라. 아마도 당신이 누군가를 잃은 뒤의 기분을 기억할 수 있을 것이다. 친절한 태도에 대해서는 다음 장에서 보게 될 것이다.

27
동물의 죽음 후 어떻게 도울 것인가

모든 긍정적인 생각은 당신을 올바른 방향으로 인도한다.
― 무명씨

소중한 이의 죽음 뒤에 우리는 소중한 존재의 상실을 인정하기를 원한다. 우리는 고착되기를 원하지 않는다. 즉 우리는 우리의 마음을 알아주기를 원한다. 잃어버린 반려동물을 얼마나 깊이 사랑했는지 함께 나눌 수 있을 때 감정을 극복할 수 있게 된다.

다음은 누군가가 소중한 이의 죽음으로 상실감을 느낄 때 할 수 있는 말의 몇 가지 예다.

그들의 상실감을 인정하라

- (그들의 이름을 부르며) 세상을 떠났다는 소식을 들으니 정말 유감입니다. 당신이 얼마나 힘들지 상상조차 하기 어렵군요.
- 힘든 시간이겠어요. 유감입니다.
- 필요할 때 언제든 연락해요.
- 제가 할 수 있는 일이 있다면 알려주세요.

- 얘기하고 싶으면 언제든 연락해요.

더 많은 도움을 줄 수 있는 방법

소중한 이의 죽음 이후 며칠, 몇 주, 몇 달 뒤에 그들이 어떤지 계속 확인해 보라. 1초밖에 걸리지 않지만 그 사람에게는 큰 의미가 있다.

- 가끔은 아무 말도 하지 않고 함께 있는 것만으로도 도움이 된다.
- 어떤 사람들은 혼자 있고 싶어 한다. 따라서 문자를 보내거나 연락하여 관심을 갖고 있음을 알려라.
- 꽃을 들고 가거나, 카드를 보내거나, 반려동물을 기리는 기부를 하라.

당신이 그 사람의 마음을 사랑으로 채우고 있다고 상상해 보라. 조용히 마음속에 긍정적인 생각을 채워 주라. 모든 사랑의 말이나 친절한 생각은 감사할 것이다.

28
치유하는 방법

치유는 예술이다. 시간이 필요하고 연습이 필요하다. 사랑이 필요하다.
— 마자 도타(Maza Dohta) †

우리는 각자 슬픔의 장막을 뚫고 치유의 길을 찾아야 한다. 슬픔으로 인해 종종 다른 사람들과 멀어지고 고통의 세계로 후퇴할 수 있다.

우리 가운데 일부는 혼자 있는 시간을 필요로 하며, 고독 속에서 평화를 찾는다. 우리는 자신을 지키고 개인적으로 슬픔을 극복함으로써 기분이 나아진다.

어떤 사람들은 다른 이들과의 교제를 선호하고 가족이나 친구에게 둘러싸여 있을 때 기분이 좋아질 수 있다.

당신에게 알맞다고 생각되는 일을 하라.

다른 사람과의 교제를 원하면 상실 이외의 다른 주제에 집중할 수 있는 권한을 부여하라.

---

† 무라카미 하루키 소설 『1Q84』 중에서

소중한 이를 잃은 후 당신을 지지하는 사람 찾기

우리 대부분은 소중한 이를 잃은 후 지지해 주려는 사랑하는 사람들이나 동료들의 네트워크를 갖게 될 것이다. 당신이 강하고 자립하는 존재에 자부심을 느낄지라도, 나를 아껴 주는 사람들에게 기댈 수 있는 완벽한 시간이다. 친구 및 가족에게 연락하거나 슬픔을 지원해 주는 그룹을 찾아보라.

신앙이나 영적인 활동에서 위안 얻기

종교 전통을 따른다면 애도 의식이 제공할 수 있는 위안을 받아들여라. 기도나 명상 또는 교회에 가는 것과 같은 의미 있는 영적인 활동에서 위안을 받을 수 있다.

　소중한 이를 잃은 이후 자신의 믿음에 의문을 제기하는 경우 성직자나 종교 공동체의 다른 사람들에게 조언을 구하는 것이 좋다.

다른 사람의 도움 받기

지원 그룹에 가입하거나, 감정을 극복하는 데 도움을 줄 수 있는 슬픔 상담사를 찾아보라. 그들은 당신을 치유의 길로 인도하는 데 도움을 줄 수 있다. 자신을 돌보고 필요한 경우 도움을 요청하는 것이 매우 중요하다. 당신을 떠난 반려동물은 당신을 매우 사랑하며, 당신이 할 수 있는 한 빨리 치유되기를 바란다.

자살

드문 경우지만 내 고객은 더 이상 사랑하는 반려동물 없이 살고 싶지 않아 삶을 끝내고 싶다고 했다. 다행스럽게도 나는 경찰 일을 했었기 때문에 자살 상황에 대처하는 방법을 배웠고 각자가 상담을 받고 슬픔에서 회복할 수 있도록 격려했다.

기억하라. 당신의 반려동물이 세상 그 누구보다도 당신을 사랑한다는 것을. 당신의 남은 인생을 기쁨과 행복으로 마음속에 품고 살아 가길 바란다. 언젠가 우리가 건너야 할 때가 되면 헤어졌던 사랑하는 이들과 다시 만나 사랑의 결속이 그 어느 때보다 강해질 것이다.

참고

자세한 내용은 www.helpguide.org를 참고하라.

29
환생

당신은 여러 번 태어나고 죽었다. 당신은 당신의 모든 삶을 살았던 영혼이다.
— 애니 케이건의 『빌리 핑거스의 사후 세계』 중에서

사이킥이자 영매가 되기 전에는 '환생'이라는 주제가 나의 호기심을 끌었다. 나는 그 아이디어에 매료되었다. 나는 우리가 다시 와서 또 다른 일생 또는 두 번의 삶을 경험할 것이라고 확신했다. 이제 20년간의 검증을 거치고 나니 동물이 환생한다는 확신이 든다. 때로는 일생에 한 번 이상이다.

동물이 환생하여 사랑하는 사람에게로 돌아간다는 사실이 확인된 수십 건의 사례를 목격했다. 환생에 관한 한 이야기는 모두 믿을 수 없을 정도로 놀라우며, 어떤 이야기보다도 눈에 띈다.

캡틴

프랭크는 유전병으로 5살짜리 핏불을 잃었을 때 나에게 연락해 왔다. 프랭크는 이 예상치 못한 죽음에 충격을 받았고 자신의 개 '캡틴'과 다시 연결되기를 바라면서 나에게 연락했다.

캡틴

처음에 프랭크는 매우 회의적이었고, 환생은 — 나중에 나에게 말했듯이 — '모든 것이 허무맹랑한 일'이라고 생각했다. 그러나 캡틴의 갑작스러운 죽음으로 인해 그는 더 깊이 있게 조사를 하게 되었다.

프랭크는 많은 사이킥을 인터넷에서 검색했는데, 결국은 내 웹사이트에 끌렸다고 했다. 나는 캡틴이 프랭크를 내 쪽으로 이끌었다고 믿는다.

프랭크가 캡틴에게 돌아오겠느냐고 묻자마자 나는 즉시 생생한 이미지와 메시지를 받기 시작했다.

캡틴은 프랭크가 수요일에 자신을 찾을 것이며, 여성이 관련되어 있고, 문자 'T'가 의미 있다고 했다. '큰' 것에 대해서도 말했다. 또한 눈에 띄는 표시가 있을 거라면서 문자 'C'를 계속 언급했다.

그 메시지로 무장한 프랭크는 다시 한 번 캡틴이 자신의 삶에 돌아올 것이라는 새로운 희망으로 출발했다.

약 3개월 뒤, 프랭크에게서 작은 핏불 강아지 사진이 포함된 이메일을 받았다. 프랭크는 이것이 그가 '캡틴'이라고 불렀던 '작은 C'인지 알고 싶어 했다.

사진을 열었을 때, 캡틴이 "나야!" 하고 말하는 것을 들었고, 캡틴의 흥분이 나를 덮치는 것을 느낄 수 있었다. 나는 프랭크에게 "작은 C가 여기 있네요!"라고 말했다.

모든 단서가 준비되었다

프랭크는 새 강아지를 찾을 때 모든 것이 준비되어 있었다고 했다. 그는 수요일에 강아지를 발견했는데 '토니(Toni)'라는 여성이 강아지들을 데리고 있었고, 한 강아지 머리에 'C'라는 글자가 있었다.

강아지(캐시)의 머리에는 'C'라는 글자가 있었다.

프랭크는 캡틴을 기리기 위해 강아지의 이름을 '캐시(Cash)'로 지었다. 이 작디작은 강아지의 사진을 보았을 때 내 눈을 믿을 수 없었다. 강아지 머리의 'C'라는 글자가 눈에 확 띄었다. 명확한 신호다!

당시 상황에 맞지 않은 유일한 메시지는 '큰' 것에 대한 언급이었다. 그 메시지가 마침내 의미를 갖게 된 것은 그로부터 몇 년이 지난 뒤였다. 최근에 동물병원을 방문했을 때 캐시의 몸무게는 무려 60kg에 달했다. 이제는 엄청 크다!

이 장을 작성하면서 프랭크에게 이 경험이 그에게 어떤 느낌이었는지 물었다. 그가 말했다.

"충격적이었습니다. 믿을 수 없었어요. 기적은 일어납니다. 나는 이제 신자가 되었어요. 모두 당신 덕분이에요. 캐런."

모두에게 신뢰를 받을 수는 없다. 이 모든 것이 일어나게 한 것은 캡틴이었다. 그룹의 노력이었고, 두 사람이 재회하기에 적절한 시간이었다. 특히 강아지 머리에 'C'라는 글자가 새겨져 있는 이 사건은 매혹적이었다.

프랭크와 캡틴의 재회는 내가 결코 잊지 못할 순간이었다.

캐시는 이제 완전히 성장했고, 정말 잘생겼다!

환생에 관한 규칙은 없다

환생에 대한 다양한 믿음과 관점이 있다. 일부는 동물에 대한 나의 경험과 유사하고, 다른 관점은 우주에서 벗어나 있다. 나는 내 개인적인 경험에서 말할 수 있고, 몇 년 간 동물들에게서 배운 것을 공유할 수 있다.

우선 반려동물의 환생 여부에 대한 체크 리스트와 요건이 포함된 규칙서는 없다. 적어도 나는 아직 그런 책을 찾지 못했다. 그러나 각 동물의 영혼과 미래의 환생을 지배하는 우주 법칙이 있다. 환생마다 독특하고 의미 있는 목적이 있으며, 동물의 영혼은 한 번 환생할 수도 있고, 여러 번 환생할 수도 있으며, 결코 환생하지 않을 수도 있다.

이 우주 법칙은 종종 영혼 계약, 아카식 레코드[†] 또는 '인생책'이라고 한다. 이 계약은 돌에 쓰인 것이 아니다. 오히려 그들은 안내자 또는 탐색 도구의 역할을 하며 상황이 변하면 계약도 바뀔 수 있다.

나는 우리 각자가 동물, 인간 및 영 안내자로 구성된 영혼 그룹의 일부라는 것을 배웠다. 우리의 영혼 그룹 안에서 우리는 다른 영혼들과 공감을 갖고 있어 우리가 육체적 형태로 있는 동안 배우고 성장하도록 서로를 돕는다.

그런 공감 또는 합의에는 미래의 화신이 포함된다. 우리는 지구에서 육체적인 삶을 살기 전에 배울 교훈과 그러한 교훈을 성취할 수 있는 최적의 기회를 제공할 다른 사람과 동물을 선택한다. 특히 까다로운 반려

---

† Akashic records : 시간이 시작된 이래 발생한 모든 사건, 행동, 생각, 느낌에 관한 기억.

동물이 있는 경우, 인내심이나 관용을 배우는 것에 대한 수업이 될 수 있다. 다른 교훈에는 연민, 용서, 용기가 포함된다. 각 반려동물은 우리에게 새로운 교훈을 제공하며, 일반적으로 가장 도전적인 반려동물은 우리에게 가장 큰 인생 교훈을 제공한다.

상황이 바뀌면 반려동물과의 합의가 바뀔 수 있다. 예를 들어, 당신과 말 같은 반려동물이 다른 삶을 함께하기로 합의했다면 적절한 상황이 되었을 때 그 반려동물의 영혼이 환생할 수 있다.

하지만 농장에서 아파트로 이사가는 등 상황이 바뀌면 말과 합의하게 된다. 아파트에서는 말을 키울 수 없기 때문에 말은 새나 고양이 또는 작은 개와 같은 더 작은 반려동물이 되어 돌아올 수 있다.

모든 동물은 환생하는가?

내 경험에 따르면, 모든 동물이 환생하지는 않는다. 어떤 동물은 우리와 함께 임무를 완료했으며, 돌아올 필요가 없다고 말한다. 또 다른 동물은 신이 나서, 때가 되면 돌아올 준비가 되었다고 말하기도 한다.

편애

왜 다른 반려동물들보다 어떤 반려동물에 대해 더 슬퍼하는지 궁금했던 적이 있는가? 우리는 모든 동물을 사랑하지만, 그 가운데서도 더욱 특별한 동물이 있는 것 같다. 우리는 편애하지 않으려고 노력하지만 때때로 특별한 반려동물과 더 강한 유대감을 가지고 있다는 사실을 부인할 수 없다.

그 주된 이유는 당신이 특정 반려동물과 과거의 삶을 공유한 횟수에 있다. 당신과 당신의 반려동물의 영혼은 적어도 수백 번은 함께했다. 하나의 영혼의 위치에서 바라본다면, 당신이 전생에 한 번도 만나 본 적 없는 반려동물과 더 가까운 유대관계를 맺게 될 것이다.

반려동물과의 전생 경험은 누적되며, 우리는 그 활기찬 기억을 다음 생애로 전달한다. 따라서 수백 번의 화신(化身)을 통해 당신과 함께했던 반려동물이 당신에게 가장 강한 영향을 미칠 것이다.

그러니 긴장을 풀라. 사실 당신은 편애하지 않는다. 당신은 그 반려동물과 함께 여러 화신의 기쁨을 경험하고 있다.

동물이 환생하는 방법

동물이 환생하는 방법에는 여러 가지가 있다. 내 세션에서 나는 세 가지 기본 방법, 즉 새로 태어나기, 워크 인, 영혼 공유를 접했다. 각각의 동물은 고유하며, 환생을 둘러싼 환경은 그들만큼이나 개별적임을 명심하라.

새로 태어나는 방법

환생의 가장 일반적인 유형은 '새로 태어나기'로 알려져 있다. 그것은 삶의 완전한 순환을 포함한다. 이 접근 방식을 사용하면 반려동물이 죽고 나서 반대편에서 꽤 많은 시간을 보낼 것이다. 정해진 제한은 없지만 대략 3~5년 정도의 패턴을 발견했다.

적절한 기회가 왔을 때 동물은 새로운 몸을 찾기 시작한다. 대부분의 경우 죽은 반려동물은 수태하는 순간 또는 직후에 몸으로 이동한다.

죽은 반려동물이 눈을 뜨자마자 갓 태어난 몸으로 옮겨갔다고 말하는 경우도 있었다. 신생아에 대해 잘 알고 있다면 별로 개성을 나타내지 않는 시기가 있다. 먹고, 자고, 수유하지만 모두 같은 행동을 한다. 갑자기 그들의 독특한 성격 특성이 드러나는데, 일부 반려동물은 그것이 그 영혼으로 이동하는 시간에 해당한다고 말한다.

이 방법으로 환생한 동물들은 반대편에서 충분한 휴식과 젊어짐의 시간을 가졌기 때문에 정상적인 수명을 유지하는 경향이 있다.

환생한 영혼은 이전 반려동물의 복제품이 아니다. 이전의 반려동물과 새로운 반려동물의 본질이 형성된다. 대부분의 경우 죽은 반려동물은 인간이 슬픔을 겪고 치유할 때까지 환생을 늦춘다.

워크 인(Walk-In)

'워크 인'은 동물이 죽은 뒤 즉시 돌아와서 새로운 몸으로 들어갈 때 발생한다. 반대편에서 보내는 시간은 짧다. 워크 인을 하는 경우 동물의 수명은 짧지만 큰 의미가 있다. 물리적인 죽음 이후 저세상에서 보낸 시간에 따라, 동물은 순수하고 활기찬 사랑 속에서 다시 활기가 생기기도 하고 활기가 없어지기도 한다. 그들이 그 사랑이 가득한 부활의 공간에 오래 있을수록 그들의 다음 생은 더 길어질 것이다.

세이디가 돌아온다

신디는 '세이디'라는 고양이를 잃었을 때 세이디가 환생할 것인지 알고 싶어 했다. 죽은 고양이는 곧 돌아올 계획이라며, 자신의 모습 그리고 신디가 자기를 찾을 수 있는 곳을 설명했다.

잠시 후, 신디는 세이디2세와 재회했으며, 새끼 고양이의 사랑스러운 사진 몇 장을 나에게 보내 주었다. 신디는 자신의 사랑스러운 소녀를 다시 되찾게 되어 기뻤다. 안타깝게도 세이디2세는 짧은 시간 안에 치명적인 바이러스에 감염되어 신디의 품에서 죽었다.

우리는 세이디가 무지개다리를 건너간 지 약 2개월 뒤에 세이디2세와 함께 세션을 가졌다. 그 세션에서 세이디는 사랑의 메시지를 많이 나눴는데, 그중 하나는 신디에게 엄청난 충격을 주었다.

첫 번째 세이디

　세이디2세는 신디가 담배를 피우는 것이 너무 걱정된다면서, 자기가 보낸 풍선이 마음에 드는지 물었다. 신디는 숨을 헐떡이며 큰 소리로 전날이 자기의 생일이었고 세이디를 정말 그리워했다고 말했다.
　그녀는 직장에서 업무를 보는 동안 담배를 피우러 밖에 나갔다. 그때 보도를 가로질러 움직이는 무언가를 발견했는데, 덤불에 몇 개의 헬륨 생일 풍선이 꽂혀 있는 것을 보았다. 세이디2세는 자신이 풍선을 보냈고, 엄마의 생일에 대해 생각하고 있다는 것을 확인해 주고 싶었다고 말했다.
　세이디2세의 수명은 짧았지만 두 고양이는 신디의 인생에서 매우 어

세이디2세

려운 시기에 신디와 함께했다. 고양이들이 여전히 자기와 연결되어 있고 심지어 생일 풍선을 보내기도 한다는 것을 안 신디는 이 극적인 시간을 통해 치유의 장소를 더 쉽게 탐색할 수 있었다.

영혼 공유

환생의 또 다른 방법은, 동물이 이전 영혼으로 돌아와 기존의 동물과 영혼을 나누는 것이다. 이런 경우, 수명이 평균보다 짧은 경향이 있다. 영혼을 공유하면 정상보다 두 배나 빨리 육체가 소모될 수 있기 때문이다.

존은 '루나'라는 로트와일러가 죽은 지 몇 달 뒤에 내게 연락해 왔다. 그는 직장에 길 잃은 개가 나타났는데, 그 개와 묘한 유대감을 느꼈다고 말했다.

존은 루나와 자신이 마치 몇 년간 알고 지낸 것 같았다고 말했다. '브롱코'라고 부르는 떠돌이 개는 루나와 같은 습관을 많이 가지고 있었다. 그는 브롱코에 대해 다중 인격을 가진 개로 보고 있다고 말하며, 혹시 자기가 마음속으로 상상하는 것인지 아니면 미친 것이 아닌지 알고 싶어 했다.

루나에게 확인했더니, 그녀는 영혼 공유 방식으로 존에게 돌아왔다고 말했다. 루나는 브롱코의 모습을 묘사하며, 어려운 상황에 처한 아빠를 위해 그곳에 있고 싶다고 했다.

나는 그 메시지를 존과 공유했다. 그러자 존은 자신이 얼마 전 이혼했으며, 자녀 양육권을 잃었다고 확인해 주었다. 존은 우울하고 외로웠고, 루나는 아빠와 더 많은 시간을 보내기 위해 떠돌이 개와 함께 영혼을 공유할 기회를 보았다.

존은 자신이 마음속으로 상상하고 있는 것이 아니었다는 사실을 듣고 안도했고, 루나가 돌아왔다는 사실에 매우 흥분했다. 그들의 시간은 브롱코가 공격적으로 진행되는 암에 걸릴 때까지 2년 더 지속되었다. 브롱코는 진단을 받은 지 몇 개월 만에 사망했지만 매우 외로운 시기를 보내고 있던 존을 도울 수 있었다.

환생에 대한 일반적인 오해

환생에 대한 몇 가지 오해는 다음과 같다.

- 동물은 출생 시 또는 신생아로만 환생할 수 있다. 위에서 설명한 것처럼 몇 가지 예를 들면 워크 인, 영혼 공유 및 새로 태어나는 방법을 포함하여 여러 가지 방법이 있다.
- 충분히 노력하면 동물을 환생시킬 수 있다. 동물의 귀환 여부는 사전에 결정된 합의에 의해서만 결정된다. 아무리 기도하고, 바라고, 바라고 해도 그것이 의도하지 않은 경우에는 그들을 되찾지 못할 것이다.
- 개는 개로만 환생할 수 있으며 고양이는 고양이로만 환생할 수 있다. 환생이 그 영혼에게 가장 크고 중요한 관심사라면 다른 종으로라도 돌아올 수도 있다. 대부분의 경우 동물은 죽기 전의 종으로 돌아간다.
- 반려동물은 전생에서와 똑같이 생겼어야 한다. 동물이 선택되면 새 몸이 어떻게 생겼는지 내게 보여 준다. 나는 그들의 새로운 형태의 크기, 모양 및 색상을 볼 것이다.
- 동물은 인간으로 환생할 수 없으며 그 반대도 마찬가지다. 동물이 인간으로 돌아온 적도 있다. 사람의 영혼의 진동은 반려동물의 진동보다 상당한 차이가 있지만 일어날 수도 있다.
- 반려동물의 성별은 이전과 동일해야 한다. 나는 동물들이 수컷 또

는 암컷으로 돌아오는 것을 보았다. 반려동물에게는 사람들이 생각하는 만큼 성별이 중요하지 않은 것 같다.
- 반려동물이 환생한 뒤 당신이 그들을 찾을 수 없으면 다른 사람과 계속 함께 살게 된다. 당신의 반려동물은 당신 오직 당신과 함께가 아니라면 안 된다.
- 반려동물이 환생하면 죽은 반려동물의 정확한 클론(Clone)이 된다. 환생은 복제가 아니며 죽은 동물의 영혼은 새로운 영혼과 결합한다.
- 반려동물이 환생하지 않는다면 그것은 그들이 우리를 사랑하지 않거나 우리가 나쁜 부모라는 것을 의미한다. 의도한 대로 되는 것이 아니다. 그것은 사랑이나 양육의 반영이 아니다. 이번 생의 전에 미리 결정되어 있었다면 그렇게 될 것이다.
- 반려동물은 일생 동안 한 번만 환생할 수 있다. 나는 그것이 여러 번 일어나는 것을 보았다. 이후의 수명은 평소보다 짧았다.

반려동물을 다시 초대하는 방법

반려동물의 환생을 준비하기 위해 할 수 있는 몇 가지가 있다. 앞서 언급했듯이 의도치 않은 경우에는 발생하지 않지만, 그렇게 하는 것이 가장 크고 중요한 관심사라면 세상을 떠난 동물을 다시 초대할 수 있다. 영적 수준에서 두 사람 모두에게 적절한 시간이 되면 돌아올 수 있다고 말하

라. 이것을 기도 형식으로 마음속으로 조용히 전하거나 마치 그들이 당신과 함께 방에 있는 것처럼 크게 말할 수도 있다.

반려동물이 우리의 필요만으로 환생하지 않는다는 것을 겸허히 받아들여야 한다. 우리의 출생 전 계약과 우주 법칙은 환생이 예정된 영혼을 관리한다.

반려동물은 반대편에 머물기를 선택한다

떠난 반려동물은 그들이 물리적 형태로 여기에 있을 때보다 반대편에서 훨씬 쉽게 우리를 도울 수 있다고 말한다. 우리를 사랑하고, 우리를 보살피고, 우리가 우리의 삶을 최대한 살 수 있도록 돕는 것은 그들의 가장 큰 기쁨 가운데 하나다.

환생에 대해 기억해야 할 가장 중요한 것은, 우리가 슬픔을 겪고 치유 과정을 완료했을 때 동물이 우리에게 돌아올 가능성이 더 높다는 것이다.

우리가 반려동물에게서 배울 가장 가치 있는 교훈 가운데 하나는 슬픔과 작별 인사의 고통에서 비롯된다. 우리가 그 수업을 마치기 전에 그들이 돌아올 것 같지 않다. 시간을 내서 슬픔을 이겨내고, 감정을 존중하고, 반려동물과 함께한 시간을 기념하라.

30
마지막 이야기

사후 세계에서 사랑하는 사람들을 보면 지구에 있을 때보다 더 사랑스러울 것이다.
— 애니 케이건의 『빌리 핑거스의 사후 세계』 중에서

이제 책의 끝부분에 이르렀으니, 반려동물이 우리를 얼마나 깊이 사랑하는지 요약해서 느끼는 마지막 이야기를 여러분에게 남기고 싶다. 한계도 없고, 경계도 없는 영원하고 영원한 사랑이다.

우리의 반려동물들은 이 땅에 있을 때 우리를 완전히 사랑하며, 무지개다리를 건너간 뒤에도 계속해서 우리 삶의 일부가 된다. 슬픈 결말에 집착하기보다 웃는 얼굴로 그들을 기억하고 함께 나눈 시간을 축하해 주기를 바란다. 그들은 우리가 다시 함께할 날이 올 때까지 우리 곁에서 끊임없이 우리를 보살피고 있다.

우리가 이 땅을 떠나는 바로 그 순간, 우리의 사랑하는 반려동물은 우리가 이번 화신 이전에 머물렀던 그곳으로 돌아오기를 기다리고 있을 것이다.

테리어 믹스견 '구루'

어느 오후, 나는 은퇴한 소방관인 데니스와 세상을 떠난 그의 테리어 믹스견 '구루'와의 다음 세션을 준비하고 있었다. 데니스가 내 사무실에 전화하기도 전에 구루의 에너지가 크고 명확하게 전달되었다. 그 작은 개 주위를 맴도는, 매우 꺼리는 인간 여성의 에너지도 느껴졌다.

"아빠가 아파요." 검은색의 작은 개가 나에게 털어놓았다. "아빠를 도울 거예요. 아빠의 심장이 아파요."

그 당시는, 구루가 최근에 세상을 떠나서 아빠 마음이 아프다는 뜻이라고만 생각해서 놀라지 않았다. 반려동물은 사람이 세상을 떠났을 때 슬픔을 느낄 수 있다는 말을 자주 하는데, 그게 구루의 뜻인 줄 알았다.

나는 명상을 마치고 데니스의 전화를 기다렸다. 우리는 세션을 시작했고, 구루는 데니스가 최근에 넘어진 것에 대한 우려를 포함하여 더 많은 자세한 메시지를 보냈다. 전문가는 뼈의 여러 골절과 관련된 꽤 나쁜 골절을 설명했다.

데니스가 놀라면서 내게 물었다.

"구루가 그걸 어떻게 볼 수 있죠? 한 달 전쯤에 다리가 두 군데 부러졌습니다. 구루가 떠난 지 석 달이 지났어요. 구루가 그 일에 대해 안다는 건 정말 놀라운 일이네요."

나는 데니스에게 구루의 에너지가 그를 둘러싸고 있는 방법을 설명하며 구루는 그에게 무슨 일이 일어나고 있는지 볼 수 있다고 말해 주었다.

"당신과 구루의 강력한 사랑의 유대입니다. 난 구루가 당신을 지켜보고 있다는 사실이 놀랍지 않습니다."

그 다음에 일어난 일은 데니스를 쩔쩔매게 만들었다.

"노인의 에너지가 구루와 함께 오고 있어요. 마치 엄마나 할머니의 에너지처럼 느껴지는군요. 로라나 린다 같은 'L'자로 시작하는 이름으로 들립니다."

나의 말을 들으며 데니스는 심호흡을 했지만 아무 말도 하지 않았다.

"이 여성 에너지는 구루를 팔에 안고 있어요."

데니스는 용서할 준비가 되지 않았다

"당신은 이 사람의 말을 들을 마음이 있습니까? 당신의 엄마나 할머니 같은 느낌입니다."

나는 두 사람 사이에 뭔가 매우 잘못된 것이 있음을 느끼며 물었다.

데니스는 머뭇거리다가 "그런 것 같군요." 하고 대답한 뒤 자신의 엄마 로린다와의 긴장 관계에 대해 설명했다. 사실 로린다와 데니스는 몇 년간이나 연락을 끊은 상황이었고, 로린다는 아들이 자신의 마지막 순간을 보는 것을 거부했다.

데니스가 말했다.

"엄마는 개를 싫어했어요. 그래서 내가 어렸을 때 개를 키우는 것을 허락하지 않았어요. 같이 있다는 게 이상하네요."

데니스는 어릴 때부터 엄마의 사랑을 느껴 본 적이 없다고 했다. 로린다는 알코올과 진통제에 중독되어 있었으며, 아들에게 애정을 표현하는 데 어려움을 겪었다.

"엄마는 반려동물에 돈을 쓰고 싶어 하지 않았어요. 그래야 더 많은 술을 살 수 있었을 테니까요."

나는 데니스에게, 그의 엄마와 구루가 그를 사랑했기 때문에 그들이 다른 쪽의 영혼 그룹에서 함께 연결되어 있다고 했다.

"엄마는 날 사랑하지 않았어요. 나는 엄마에게 짐이었고, 불편한 존재였죠. 엄마가 좋아하는 것은 술에 취하는 것뿐이었던 것 같아요."

그가 씁쓸하게 말했다. 그는 내 말을 들을 준비가 되어 있지 않은 것 같았다.

"로린다는 자신이 구루를 아주 좋아한다고 당신에게 전해 달라고 합니다. 사랑하는 법을 배우는 데 개가 도움을 주고 있다고 하네요. 구루는 그녀가 인생에서 큰 실수를 저질렀다는 것을 알도록 돕고 있습니다."

로린다는 아들에 대한 사랑을 표현할 준비가 되지 않았지만, 이것은 올바른 방향으로 나아가는 한 걸음이었다. 그녀는 세션에 나타나 데니스의 강아지에 대한 감정을 표현하는 등 노력하고 있었다.

어떤 사람들은 일단 건너가면 자신의 방식을 바꿀 수 있고, 사물을 다른 시각으로 볼 수 있다. 데니스의 엄마도 예외는 아니었다. 그녀는 마음을 여는 방법과 아들을 사랑하는 마음을 표현하는 방법을 배우고 있었는데 모두 구루 덕분이었다.

변화가 시작되다

데니스는 나와 함께 몇 차례의 후속 세션을 예약했는데, 매번 그의 엄마의 에너지가 통했다. 나는 우리가 대화를 나누는 동안 데니스의 태도가 어떻게 변하고 있는지 알아차렸다. 그는 더 많이 웃었고, 구루와 행복한 추억을 공유했고, 진심으로 엄마의 이야기를 듣고 싶어 하는 것 같았다.

데니스는 단골 고객이 되었고, 매달 우리는 그의 삶에 무슨 일이 일어나고 있는지 연결하고 따라잡았다.

데니스가 약속을 놓쳤을 때, 나는 바로 뭔가 잘못되었다는 것을 알았다. 나는 그에게 여러 번 이메일을 보냈지만 답장을 받지 못했다. 나는 그가 그의 삶으로 바쁘기를 바랐다. 그런데 약 두 달 뒤 뜻밖의 카드를 받았다. 카드는 그의 여동생 크리스틴에게서 온 것이었다.

친애하는 캐런,

지난달에 데니스가 잠을 자다가 조용히 세상을 떠났다는 소식을 전합니다. 그는 아마도 심장 주위의 결합 조직이 약화되는 심각한 심장 상태로 고통 받고 있다는 사실을 절대 말하지 않았을 거예요. 그는 수년간 이 질병과 싸워 왔습니다. 우리는 2년 전에 그가 사랑하는 개 구루가 죽었을 때 그를 잃게 될 것이라고 생각했습니다. 놀랍게도, 그가 당신의 세션을 통해 처음 의사소통을 한 뒤에 상태가 안정되었습니다.

캐런,

데니스는 당신을 만나기 전까지 매우 우울한 사람이었습니다. 구루를 잃은 뒤에는 절망이 점점 더 깊어졌지요. 당신으로 인해 모든 것이 바뀌었고, 그래서 내가 당신에게 이 편지를 보내는 것입니다. 데니스는 당신과의 세션을 매우 기대했고 마음의 평화를 얻었습니다. 게다가 소원해진 어머니와 연결하는 보너스까지 받았지요.

인정해야겠어요. 나는 심령술을 믿지 않았고, 오빠가 당신과의 세션에 대해 말했을 때 터무니없다고 생각했습니다. 이제 저는 그 모든 것을 믿게 되었습니다. 당신이 우리에게 얼마나 큰 축복이었는지 알기 바랍니다. 당신의 세션이 오빠에게 삶의 새로운 목적을 주었다고 믿어요.

이제 당신과 세션을 설정하여 오빠 그리고 연결을 결정한 다른 이와 연결할 수 있는지 알고 싶습니다. 놀라운 재능을 보여 줘서 고맙고, 오빠와 2년이라는 좋은 시간을 보낼 수 있게 해 줘서 고맙습니다.

돌이켜보면, 아이러니하게도 구루가 첫 세션부터 아버지의 심장이 아프다고 했다는 것이다. 나는 그가 감정적 고통을 의미한다고 생각했었다. 이제 나는 그가 데니스의 심장 상태와 감정적 고통을 언급하고 있다는 것을 깨달았다.

이제 크리스틴과의 세션이 기대된다. 구루와 데니스 엄마는 데니스가 저세상으로 건너갈 때 반갑게 인사했다. 이제 데니스와 그의 사랑하는 개가 다시 함께하게 되어 마음이 따뜻해진다.

나는 데니스와의 첫 번째 세션 이후에 이 시를 썼다. 직접 건네준 적은 없지만 그가 저세상으로 건너간 뒤에 읽어 주었다. 그의 얼굴은 사랑으로 빛났고, 그는 다정하게 나를 향해 양손 엄지를 키켜들어 주었다.

사랑하는 사람,
그 일은 오늘도 일어났어요.
나는 당신 옆에 자리를 잡고
당신이 자는 동안 당신을 사랑스럽게 지켜보았죠. 당신과 함께하는
것보다 더 좋은 곳은 없습니다.
당신을 부드럽게 톡톡 쳤지만 거의 움직이지 않더군요.
당신이 깨어났을 때 나는 당신의 발 주위를 빙빙 돌며, 나의 눈으로
당신에게 미소 지으며,
그런 다음 당신이 물건을 챙겨 일하러 가는 것을 보았습니다.
당신이 고속도로를 운전할 때 내 사랑의 에너지가 당신을 둘러싸고
있었고, 나는 당신의 팔에 부드럽게 내 머리를 얹었어요.
순간 당신은 나를 생각했고, 나는 당신의 마음이 슬픔으로 가득 찬 것을
느꼈습니다.
내가 바로 당신 옆에 있다는 것을 알려 주려고 다시 시도했지만
당신은 너무나 고통이 깊었기 때문에 내 생각을 밀어냈습니다.
당신이 슬플 때 나도 마찬가지라는 걸 알았으면 좋겠습니다.
당신이 기쁨을 느낄 때 나도 기쁨을 느껴요.
나는 하루 종일 당신을 지키며
당신이 나를 기억하고, 우리가 함께한 모든 즐거운 시간을 기억하기를

참을성 있게 기다렸습니다.

하지만 죄책감과 후회가 덮쳐 눈물이 당신의 눈을 가득 채우는 모습을 무기력하게 바라보았지요.

내 몸이 쇠약해졌을 때 내가 떠나도록 도와준 당신을 결코 심판하지 않을 거라는 걸 알아줘요.

당신은 나에게 사랑의 궁극적인 선물을 주었습니다.

나는 살아 있고, 영적으로 건강하며, 당신이 사랑과 기쁨으로 나를 생각하고 우리가 함께한 삶을 기억하는 당신의 그 한순간을 갈망합니다.

내일도, 모레도, 그 다음날도 도전하겠습니다.

사랑하는 이여, 기억해 줘요. 사랑의 결속은 결코 사라지지 않아요.

우리의 영혼은 영원히 연결되어 있습니다.

— 캐런 앤더슨

반려동물이 있어야 할 다른 곳은 없다

밴디트와 추추의 첫 번째 이야기에서처럼 우리를 떠난 반려동물은 계속 우리와 연결되어 있으며, 생각보다 멀어진 것이 아니다. 그들은 우리가 기쁠 때 기뻐하고, 가장 어두운 순간에 우리를 지켜 준다. 사후 세계에는 시간이 존재하지 않으므로 몇 년이 지나도 상관없다. 우리를 향한 그들의 사랑은 영원하며, 건너편에서 우리와 재회할 순간을 끈기 있게 기다린다. 당신이 죽은 반려동물들에 대해 생각할 때, 그들이 따로 원하는 곳이 없기에, 바로 옆에서 그들이 당신을 껴안고 있다고 상상해 보라.

발문

첫 번째 이야기 이후 우리는 많은 영역을 다뤘습니다. 이 책이 사후 세계 동물에 대해 숙고할 새롭고 흥미로운 점을 제시했기를 바랍니다.

바라건대, 당신의 반려동물이 자신의 육신을 이 세상에 남겨두고 다른 세상으로 건너간 뒤 어떤 일이 일어나는지 더 깊이 이해할 수 있기를 바랍니다. 당신의 반려동물은 행복하고 건강하고 온전하며, 그 어느 때보다 당신을 사랑합니다. 그물은 당신이 이번 생에서 영적인 존재로서 배우고, 사랑하고, 성장하도록 돕기 위해 여기에 있습니다. 그들은 생각의 거리 만큼에 있으며, 종종 가까이 있다는 신호를 보내곤 합니다.

반려동물들의 상세한 메시지는 그들이 영적인 형태로 존재하는 사후 세계가 실제로 존재한다는, 부인할 수 없는 증거를 제공합니다. 반려동물과의 지속적인 연결은 육체적인 죽음을 견디며 계속해서 당신을 인도하고 반대편에서 당신을 지켜봅니다. 그들은 당신이 지나치게 슬퍼하지 않기를 바라며, 당신이 행복하고 최선을 다해 살기를 바랄 뿐입니다.

자신의 재능을 존중하십시오

최고의 삶을 사는 것과 재능을 존중하는 것은 미지의 세계를 향해 첫 몇 걸음을 내딛는 것과 같습니다. 처음에는 길이 좀 울퉁불퉁하고 충돌할 수도 있지만, 그 보상은 큽니다. 내게 있는 사이킥 재능을 인정하고 동물과의 의사소통을 추구하는 과정은 순조롭지 않았습니다. 사이킥에 대해 알지 못하는 냉소주의자들의 비난은 셀 수 없을 정도였지요. 조사를 받은 적도 많았습니다. 어쩌면 신이 주신 재능을 외면하고 정규직에서 일하는 게 훨씬 쉬웠을 것입니다. 심지어 가족 중에서도 나를 보고 눈살을 찌푸리며 미쳤다고 여겼습니다. 온갖 역경에도 불구하고, 나는 스스로에게 충실했고, 세상의 많은 것을 변화시켰습니다.

이 책에 나오는 이야기들을 통해, 신께서 주신 재능을 당신의 재능을 알아차리고 그 길을 추구하도록, 반려동물들이 당신에게 영감을 주기를 기대합니다. 그 누구도 당신을 바꾸려고 하지 못하게 하고, 영적인 길에서 멀어지지 않도록 하십시오. 진실의 한가운데 서 있을 때 기회가 펼쳐질 것입니다. 스스로 재능을 존중하고 꿈을 따를 때, 당신은 큰 기쁨을 얻을 것이며, 모든 반려동물에게 혜택을 줄 수 있을 것입니다.

여러분의 의견과 피드백을 환영합니다. 마음이 내킨다면 저에게 쪽지를 보내 주세요.

동물의 놀라운 사후 세계로 향한 여정을 함께해 주셔서 감사합니다. 당신과 반려동물의 평화와 축복을 기원합니다.

소속 단체, 영화, 책 및 사이킥 목록

White Light Paranormal Insight Team (초자연적인 현상을 통찰하여 공정한 판단을 내리는 팀)

www.whitelightparanormalinsight.com

화이트 라이트 패러노멀 팀 일원인 캐런은 원격 사이킥 관찰자로서 사이킥 정보와 사전 인상을 제공합니다.

정신을 인도하고, 사람들에게 힘 실어 주기

"우리의 임무는 살아 있는 존재들이 초자연적인 활동을 인식하고 검증하는 것을 지원하고 우리가 할 수 있는 한 최선을 다해 해결 방안을 찾도록 돕는 것입니다. 가능한 한 우리는 또한 혼란이나 불안에 처한 존재를 돕기 위해 노력합니다."

다큐멘터리 영화

All Around Us

www.allaroundusfilm.com

이 영화는 영매(靈媒)†인 세스 마이클(Seth Michael)의 인생을 다루고 있습니다. 세스의 세상과 애니멀 커뮤니케이터 캐런 앤더슨을 포함한 그의 친밀한 사이킥 친구 몇 명에 대해 알려주기 위해 당신을 은밀하게 무대 뒤로 데려갈 것입니다.

도서

Hear All Creatures!: The Journey of an Animal Communicator (모든 생명체의 소리를 들어라! : 애니멀 커뮤니케이터의 여정)
캐런 앤더슨 지음(아마존 및 킨들에서 사용 가능)

세상의 동물 애호가들이 이 책에 대해 말합니다.
캐런과 함께 길을 따라가 보세요. 캐런이 자신의 재능을 처음 발견했던 때부터 그녀의 능력을 차단하게 만든 갑작스럽고 비극적인 사고, 그리고 작은 휜비둘기가 나타나 그녀의 인생을 바꿀 때까지.
영적인 세계에서 오는 희망과 치유의 심오하고 눈물겨운 메시지를 들어보세요. 사후 세계가 어떤지, 어떤 느낌인지, 어떻게 생겼는지, 그리고 지금 그곳에서 우리 동물들이 무엇을 하고 있는지에 대한 생생한 세부 정보를 읽어 보세요. 우리가 왜 어떤 인간관계를 뛰어넘는 수준으로 동물

---

† psychic medium. 신령이나 죽은 사람의 영혼과 의사가 통하여, 혼령과 인간을 매개하는 사람. 곧 무당이나 박수가 이에 해당한다. 국어표준대사전.

과 유대감을 형성하는지 알아보세요.

동물 친구들과 더 가까워지는 방법을 배우고 동물들이 당신에게 무엇을 말하려는지 알아보세요.

동물을 사랑한 적이 있거나, 동물을 잃어버렸거나, 소중하고 헌신적인 친구와 작별해야 했던 사람이라면 누구나 이 책의 메시지가 통찰과 치유의 힘이 있음을 알게 될 것입니다.

The Secret Inner Life of Pets: A Leading Psychologist and an Animal Communicator Bring You the Love and Wisdom of Animals (반려동물의 은밀한 내적인 삶: 당신에게 동물의 사랑과 지혜를 가져다주는 선도적인 심리학자와 동물 소통자)

최고의 심리학자와 동물 커뮤니케이터가 동물에 대한 사랑과 지혜를 전합니다.

패트리샤 캐링턴 박사(Patricia Carrington, Ph.D.) · 캐런 앤더슨 공저

아마존 및 킨들에서 사용 가능

최고의 임상 심리학자와 애니멀 커뮤니케이터 간의 전례 없는 협력작. 패트리샤 캐링턴 박사는 치유를 위한 현대 에너지 심리학 기법의 교사이자 작가이자 개척자입니다. 이 책에서 그녀는 애니멀 커뮤니케이터 캐런 앤더슨과 함께 일하는 동물 사이의 상호 작용에 대한 독특한 심리학적 관점을 제공합니다.

Amazing Paranormal Encounters, Volume 2 (놀라운 초자연적 만남, 2권)

스텔리움 북스 출판

유령과 초자연적인 이야기 모음. 캐런 앤더슨은 마지막 장에 기여했습니다.

캐런의 연락처

수업, 이벤트는 캐런의 웹사이트, 블로그, 페이스북에서 확인하세요.

www.KarenAnderson.net.

온라인 동물 커뮤니케이션 과정

https://animal-communication-planet.teachable.com/

사이킥 목록

이들은 내가 가장 좋아하고 가장 재능 있는 사이킥 친구들입니다.

◆ 안카샤 아멘티(Ankhasha Amenti) — 사이킥 영매

◆ 윌리엄 베커(William Becker) — 사이킥 영매

◆ 린다 드레이크(Linda Drake) — 인생 진로 힐러

◆ 테레사 클레브(Teresa Kleve) — 사이킥 영매

◆ 샤론 루이스 오로라(Sharon Lewis Aurora) — 사이킥 / 영매 / 채널

- ◆ 바바라 매키(Barbara Mackey) — 사이킥 영매
- ◆ 제이슨 마스오카(James Masuoka) — 타로 / 사이킥
- ◆ 세스 마이클(Seth Michael) — 영적 고문 / 영매
- ◆ 피트 오르베아(Pete Orbea) — 사이킥 영매
- ◆ 체리 팽(Cheri Pang) — 사이킥 영매
- ◆ 마이클과 마티 패리(Michael and Marti Parry) — 사이킥 영매
- ◆ 캐린 리스(Karyn Reece) — 사이킥 영매
- ◆ 캔디아 샌더스(Candia Sanders) — 열정적인 치료자 / 사이킥
- ◆ 데비 스미스(Debbie Smith) — 사이킥 영매

당신이 열정적인 것은 우연이 아니라 당신의 소명입니다.

— 파비엔 프레드릭슨(Fabienne Fredrickson)